《水域救援团队技术》
编委会

主　任：张明灿　吴瑞山
副主任：李　阳
委　员：张晓伟　朱国营　陈　全
　　　　陈小公　黄小东　曾智明

水域救援

SHUIYU JIUYUAN TUANDUI JISHU

团/队/技/术

东莞市消防救援支队 编

化学工业出版社

·北京·

内容简介

本书以团队救援理念为核心，系统地介绍了水域救援技术的起源和发展、水域救援专业队伍建设的理念和思路、队员技术训练标准和要求、个人与团队技术理论知识、专业技术操作应用、个人防护装备与公共装备配置、医疗急救处置技术、救援组织指挥和安全管控等方面的内容。本书对水域救援专业队伍建设、队伍与队员分级管理、技术训练与等级评定、岗位与职能要求等方面都提出了新的思路和建设理论。

本书可供从事消防救援的人员、水域作业的公安特警，以及民间与水域技术有关的从业、施工人员学习参考。

图书在版编目（CIP）数据

水域救援团队技术／东莞市消防救援支队编． —北京：化学工业出版社，2023.3
ISBN 978-7-122-42731-1

Ⅰ.①水⋯ Ⅱ.①东⋯ Ⅲ.①水上救护 Ⅳ.①G861.17

中国国家版本馆CIP数据核字（2023）第006554号

责任编辑：王　烨
文字编辑：袁　宁
责任校对：李　爽
装帧设计：王晓宇

出版发行：化学工业出版社
　　　　（北京市东城区青年湖南街13号　邮政编码100011）
印　　刷：北京云浩印刷有限责任公司
装　　订：三河市振勇印装有限公司
710mm×1000mm　1/16　印张18½　字数308千字
2023年6月北京第1版第1次印刷

购书咨询：010-64518888
售后服务：010-64518899
网　　址：http://www.cip.com.cn

凡购买本书，如有缺损质量问题，本社销售中心负责调换。

定　　价：138.00元　　　　　　　　　　版权所有　违者必究

《水域救援团队技术》
编审人员名单

主　　编：陈　全　陈小公
副 主 编：朱国营　黄小东
编写人员：殷雷亮　罗辉煌　谌勇刚　曾智明
　　　　　翁　锋　姜腾飞　杨明金　吕　杰
　　　　　虞　敏　陈伟锋　何书胜　卢标科
审校人员：杨维泽　江　昶　黄巨星　吴承錩
　　　　　胡旭东　韦　旺　陈伟聪　林一山
　　　　　余　颖　王渊博

前言
PREFACE

2018年11月9日，习近平总书记为国家综合性消防救援队伍授旗并致训词，强调国家消防救援队伍要对党忠诚、纪律严明、赴汤蹈火、竭诚为民。国家综合性消防救援队伍，是国家应急救援的主力军和国家队，承担着防范化解重大安全风险，应对各类灾害事故，救民于水火、助民于危难的重要职责。作为国家综合性应急救援的核心力量和专业队伍，要履行保卫国家社会经济建设和保护人民群众生命财产安全的重要使命，实现"全灾种、大应急"和"专业化、职业化"的应急救援总要求。近年来，在国家经济社会飞速发展和人民群众生活水平日趋提升的同时，地震、台风、洪涝、泥石流、山体滑坡等自然灾害也频繁发生，给人民群众的生命财产安全造成了较大威胁。为此，需全面提升水域救援专业队伍的专业技术能力，有效应对强降雨、台风、地震等造成的城市内涝、山洪暴发、泥石流等综合性、复合型灾害应急救援，满足灾害事故专业化救援和队伍职业化发展的需要，确保水域救援队伍快速适应国家全灾种、大应急背景下的应急救援总格局。

我们结合近年来水域救援技术在各种类型灾害事故中的实践经验，整理编写了《水域救援团队技术》，以期作为消防救援基层队伍系统性、针对性开展水域救援技术学习训练的指导和参考用书。本书以团队救援理念为核心，系统地介绍了水域救援技术的起源和发展、水域救援专业队伍建设的理念和思路、队员技术训练标准和要求、个人与团队技术理论知识、专业技术操作应用、个人防护装备与公共装备配置、医疗急救处置技术、救援组织指挥和安全管控等方面的内容，对水域救援专业队伍建设、队伍与队员分级管理、技术训练与等级评定、岗位与职能要求等方面提出了新的思路和建设理念，旨在为广大基层消防救援人员学习、训练水域救援专业技术，规范救援队伍组建，标准化分级管理，高效组织技术训练等提供参考和指引，为消防水域救援队伍的专业化、职业化、规范化发展奠定坚实的基础。

本书第一章由朱国营编写，第二章由虞敏编写，第三章由黄小东编写，第四章由吕杰编写，第五章由何书胜编写，第六章由殷雷亮编写，第七章由姜腾飞编写，第八章由曾智明编写，第九章由杨明金编写，第十章由陈伟锋编写，第十一章由罗辉煌、谌勇刚编写，第十二章由翁锋、卢标科编写，全书由黄小东统稿。

本书在编撰过程中，得到了广东省消防救援总队和一些社会应急救援技术团队的大力支持，在此一并表示衷心的感谢！

由于编者水平有限,编写时间仓促,书中难免存在疏漏和不当之处,敬请广大读者不吝指出,以便再版时修改完善。

本书可作为水域救援技术学习、训练和应用的辅助教材,书中所涉观点理念、装备配置和技术动作等仅供参考,并非唯一,严禁用于无专业指导下的自学训练或救助行为!

编 者
2022 年 8 月

目录 CONTENTS

第一章 绪论 001

第一节	水域救援的起源与发展	002
第二节	水域救援概述	003
第三节	水域救援分类	005
第四节	水域救援安全要求	006
第五节	水域救援基本准则	007
第六节	水域救援基本技术	008

第二章 水域救援基础知识 010

第一节	灾害基础知识	011
第二节	水域灾害处置安全指南	012
第三节	淹溺处置基础知识	017
第四节	水域救援失温现象	018

第三章 水域救援队伍建设 021

第一节	结构组成	022
第二节	单元（小组）编成	024
第三节	岗位职责	028
第四节	能力评估	031
第五节	培训要求	033
第六节	素质训练	042
第七节	分级管理	043
第八节	人员考核	047

第四章
装备配置与管理
050

- 第一节　水域救援装备配置　051
- 第二节　水域救援装备管理　074
- 第三节　常用个人水域装备　079
- 第四节　常用潜水装备　089

第五章
水域游泳技术
097

- 第一节　基础游泳技术　098
- 第二节　常用游泳技术　104

第六章
水域救援基础技术
124

- 第一节　入水技术　125
- 第二节　接近技术　131
- 第三节　防卫技术　134
- 第四节　解脱技术　138
- 第五节　带人技术　141
- 第六节　登岸技术　145
- 第七节　自我保护技术　150

第七章
急流救援技术
155

- 第一节　河流基础知识　156
- 第二节　急流救援技术　159

第八章
舟艇救援技术
168

- 第一节　无动力橡皮艇救援技术　169
- 第二节　IRB充气式橡皮艇救援技术　171

第一节	寒冷水域基本概述	184
第二节	寒冷水域救援技术	191

第九章

寒冷水域救援

183

第一节	潜水基础常识	200
第二节	潜水基础技能	202
第三节	潜水搜索技巧	225

第十章

潜水救援技术

199

第一节	人员等级及能力要求	231
第二节	急救处置程序	233
第三节	急救常用技术	238

第十一章

水域救援现场急救技术

230

第一节	风险评估与管理	251
第二节	管理人员能力资质	258
第三节	水域救援指挥和行动程序	260
第四节	水域救援现场安全管控	262
第五节	各类表格管理	266

第十二章

水域救援现场安全管理

250

参考文献

283

CHAPTER 1

第一章
绪论

水域救援是一项突发性强、时间紧迫、技术要求高、救援难度大、危险性高的救援技术,如台风、暴雨、洪涝等自然灾害的应急救援;或水上和水下救援行动,其中包括水上救生、潜水打捞、孤岛受困、灾民输送、物资转运等救援内容。

第一节　水域救援的起源与发展

一、世界水域救援的起源与发展

我们现在所说的水域救援是与水有关的灾害事故的水上、水下救援的概念性统称。最早与水有关的救援称为水上救生,主要以水面游泳救生为主。水上救生的发展历史悠久,据史料记载,最早可追溯到公元前63年,意大利罗马皇帝(Augustus)是历史上最早组织救生队(First Life-Saving Brigade)的皇帝。之后,许多欧洲国家在19世纪末相继成立了救生协会,创新救生技能,普及救生知识,加强救生人员的培养,开展救生理论体系的研究。

1910年5月,由英国、比利时、法国、卢森堡、丹麦、突尼斯和瑞士等国家发起,并在意大利和西班牙等国家的支持下在法国巴黎成立了国际救生联合会。1971年3月,经英国、澳大利亚、南非、新西兰和美国等国倡议,在澳大利亚成立了世界救生组织。1993年2月24日,国际救生联合会与世界救生组织合并,组成国际救生联合会。国际救生联合会主要针对室内外游泳池、平静湖泊等静水水域救援,世界救生组织活动的侧重点则是室外江河和海浪等开放、自然水域救援。

国际救生联合会有121个成员国,注册会员3000多万人,每两年召开一次理事会,研究各国救生事业的发展和援助计划等问题,定期举行水域救生拯溺锦标赛。

国际救生联合会主要职能包括改善水上救生的技术;开展救生教育,交流救生经验、医学技术和科研成果;在全世界普及水上救生技能;促进救生器材、标志、符号和法律的发展等。

水域救援经过近百年的发展,美国、英国、澳大利亚、加拿大等国家,先后经历了不同阶段,逐渐形成了相对完善的救生员培养模式和水域救生管理体系。

目前,世界范围内已有近百个国家和地区相继成立了游泳救生组织。中国救生协会于2005年1月成立,并于2007年正式加入国际救生联合会。

二、中国水域救生的起源与发展

1956年上海市人民政府颁布了上海第一部体育法规《上海市体育运动会暂行办法》，在法律上第一次设定游泳池开放要安排救生员。1979年，上海在全国率先成立了上海市救生委员会。1991年上海市救生委员会晋升为具有独立法人资格的市一级社团组织，并易名为上海市游泳救生协会。天津市于1982年由市体委和市红十字会联合制定颁布了《天津市游泳救护员组织管理条例》。担任游泳救护员的人员主要是全市各中小学的体育教师。经过多年的努力，天津市的游泳救护工作日臻完善，初步形成了比较完整的工作体系，建立了一支相对稳定的救护员队伍。1990年8月1日，北京市人民政府发布《北京市防止非正常死亡事故目标管理办法》，其中明确规定防止游泳溺水死亡事故，由市体育运动委员会归口管理。1993年9月1日，北京市人民政府批准《北京市游泳场馆管理暂行办法》。1994年4月20日，北京市体委等单位根据北京市人民政府批准的暂行办法，制定了《北京市游泳场馆管理暂行办法实施细则》。1997年7月2日，北京市体委等单位为加强市游泳救生工作的管理，保证群众游泳安全，制定了《北京市游泳减溺工作实施办法》。1998年开始筹备成立北京市救生协会。自北京市游泳场馆管理办法颁布以来，北京市的游泳场馆纳入了法制管理轨道，对群众性游泳活动的安全开展起到了促进作用。

我国为了进一步加强对水上救生工作的全国统一管理，由国家体育总局牵头成立了中国救生协会，从而使国家水上救生工作得到不断加强、发展和完善。我国水上救生工作已在全国范围内蓬勃开展。目前在全国范围内建立了一支思想好、业务精、技术强的国家高级考官队伍，专门负责国家等级救生员考试工作，在全国有条件的地方成立了救生员培训中心，形成了覆盖全国的救生员培训网，每年都有大批有志青年从培训中心获得证书并走上工作岗位。2004年，中国救生协会制定下发了《救生员管理办法》《救生委员会管理办法》等，不断改进和加强对我国救生工作的宏观管理。

第二节　水域救援概述

1. 水域救援的定义

水域救援是指他人在涉水环境中受困或生命受到威胁时，由专业救援人员使用专业救援装备和救援技术所采取的一切水域救援行动和行为。

其主要包括溺水事故的救援［包括静水的游泳池（馆）救生］、海边的触礁、沉船、自杀等海浪救生，急流水域的沸腾线、洪水和城市内涝等救援，以及水上救生、激流救生、灾民转移、物资抢运、潜水打捞等救援内容。实施水域救援应按照安全风险从小到大的顺序和救援难易程度，有效选择岸上救援、游泳救援、入水救援、舟艇救援、直升机救援和绳索救援等措施和技术开展施救行动，救援行动必须遵守安全、快速、高效的救援基本原则，严禁盲目、冒险作业。

2. 水域救援安全原则

水域救援是一项与时间赛跑和分秒必争的专业救援技术，救援安全对于营救生命十分重要，能否在确保绝对安全的前提下，正确评估救援现场环境，科学制定营救方案，高效实施救援行动，是决定救援行动成功与否的关键所在。因此，在水域救援中，必须筑牢安全第一的思想意识，最大限度地控制安全风险，始终确保安全防线不缺失和安全底线不突破。如图1-1所示为安全事故发生"瑞士奶酪"模型。

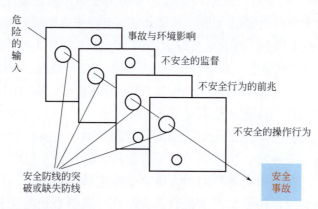

图1-1 安全事故发生"瑞士奶酪"模型

3. 水域救援主要任务

针对台风、强降雨等天气导致的山洪、急流、内涝、洪涝等灾害事故，以及常规性静水水域人员落水、溺水等事故，根据不同的水域环境和救援场景，采用不同的救援技术、方法和器材实施生命救助、人员转移、物资转运、潜水打捞等水上和水下救援行动。

4. 水域救援涉及范围

包括各种平静水域、自然水域和特殊水域环境水上和水下救援；水流湍急的江河、山川、河谷等特殊环境水难救助行动；集中降雨等原因造成的局部地区内涝或洪涝灾害的灾民转移、抗洪抢险等救援；由地震、海啸等造成的洪水、泥石流灾害救助。

第三节　水域救援分类

水域救援是指与水有关的区域和环境，由人为、天气等因素导致的溺水、内涝、洪水、急流等灾害事故，直接或间接造成人员受困、落水，或生命财产受到威胁时，救援人员利用水域救援装备和专业救援技术，开展水上、水下综合营救的专业救援行动。按照救援环境分为静水救援、海域救援、急流救援、冷水救援和水下救援等五种救援类型。

1. 静水救援

静水救援是对游泳池、湖泊、河流、水库、江河等水流速度相对较慢的水域环境所发生的溺水、落水等意外事故的救助、救生和救援行动。静水水域的水流速度通常小于0.5m/s，静水救援所涉及的技术是水域救援的基本技术和技能，也是水域救援最基础的入门技术，主要包括伸、抛、划、游等四种常用的基本救援技术。

2. 海域救援

海域救援是对海滨浴场、海上休闲活动环境、自然海滩等水域所发生落水、溺水和意外事故的救助、救生和救援行动。海域的水流速度通常大于0.5m/s，并且同时伴随不同的风浪环境，救援危险性相对较高，属于中、高级的救援技术，主要包括岸上救援、游泳救援、桨板救援、救生板救援、无动力橡皮艇和动力舟救援等技术。

3. 急流救援

急流救援是指针对急流、漂流、洪水、内涝、山洪等环境所发生的人员救助、物资转移和抢险救灾等救援行动。急流的水流速度通常大于0.5m/s，水深大于0.6m，属于中、高级救援技术，救援风险复杂，危险性相对较大，主要包括急流游泳、舟艇救援、涉水横渡、绳索救援等技术。

4. 冷水救援

冷水救援主要是指冰面、冷水、寒冷季节环境水域等的人员被困、溺水、落水和脱困等救援行动，属于特殊水域救援技术，通常是指气温0℃以下水域和冰面、冰水环境救援。

5. 水下救援

水下救援主要是指水下搜救、水下作业、潜水打捞等救援行动，属于特殊水域救援技术范畴。常用的救援技术有水下搜救、水下作业和潜水打捞。

第四节　水域救援安全要求

1. 安全救援三个要素

① 安全意识。水域救援安全风险无时不在，要求所有救援人员必须具备很强的安全意识和安全管控能力，绝不能盲目自信或冲动地开展救援，所有营救行动必须确保在能够正确评估现场环境、熟练掌握救援技能和确保自身安全的前提下，安全、快速、高效开展救援，最大限度确保救援安全和成功营救。

② 安全目标。在救援行动组织指挥上，将风险降到最低程度，安全高效组织实施救援行动；在营救策略选择上，选择简单、快速、有效的救援技术和方法，达到安全高效救援目的。

③ 安全装备。在安全装备上，配备合格的个人安全装备和专业的救援器材，充分发挥团队救援优势，合理选用技战术措施和器材装备，弥补个人救援能力不足，增强抵抗救援风险的能力。

2. 安全救援三个阶段

① 救援准备。配备救援所需的装备和器材；制定救援行动计划和方案，建立现场指挥系统、通信系统和预警方案；科学配置各种救援力量，选择与承担救援任务相符合的救援装备和技术；制定撤离计划，规划撤离路线。

② 救援实施。实时动态了解救援现场环境、气象、风向、水流等因素；根据救援对象、现场、气象和灾害情况，制定符合现场实际的营救方案和紧急措施；针对现场突变情况，适时调整救援力量和方法，确保救援队伍安全、科学、高效地完成救援任务。

③ 救援撤离。当完成救援任务后，制定撤离计划和方案；有序组织队伍撤离，重点避免突发危险和人员伤亡事件；组织留守人员配合当地政府或职能部门灾后重建或自救行动；做好装备整理、资料收集和救援经验教训总结等工作，为日后救援提供理论帮助。

3. 安全救援能力要求

① 救援队伍。消防救援队应根据危险识别、风险评估、队员素质进行合理和明确分工，组成符合救援实际需要的救援力量；客观评价救援范围内潜在的危险和风险因素，发生次生或二次灾害危险的可能性和危险程度，以及组织救援和开展营救产生的实际危险程度大小，尽可能减少危险或风险对救援队伍和人员的威胁；统筹救援队伍对重点区域的救援或驰援，应根据统一部署原则，集中力量和资源共同响应救援计划，及时变更和修订救援计划、方案，达到组织指挥集中统一和救援行动步调一致。

② 指挥人员。作为现场指挥员，不仅要熟悉整个救援过程的操作程序和组织指挥流程，具备过硬的风险评估与分析判断能力，熟练选用和运用各种救援技术；还必须具备指挥整个救援团队运作的能力，能够快速有效建立一套完整的现场指挥系统，熟悉队员的个人技能水平和具体擅长领域，合理分配队员的角色和岗位；有效控制救援范围内人员、资源的调度和运用，有效指挥救援队伍执行命令，承担救援中发生的一切情况的责任。

③ 救援人员。根据救援任务的实际需要，能规范执行救援的程序和流程，正确、客观地对自己技术能力作出评价；能管控安全风险，认知风险因素，尽可能减少和避免救援中可能遇到的威胁；配备和使用合格的救援装备和器材，能够高效完成相应岗位的任务和职责，达到安全救援的要求；具备良好的体能和心理素质，具有完成各种复杂和困难的救援任务的能力，做到一专多能，满足综合性、复合型灾害事故救援的需求；能够及时与场内、场外沟通，熟悉标准化指令和信号，明确手势与口令的含义，正确执行命令，确保自身安全。

第五节　水域救援基本准则

水域救援必须遵循"安全、快速、高效"的基本原则。要求全体救援人员必须掌握科学、正确、专业的救援技术，具备勇气、智慧、胆量和取舍的精神；救援团队要合理配备专业救援个人和公共装备与器材；指挥管理人员必须具备足够的水域环境安全风险评估和救援现场管控能力，确保营救行动在统一指挥、步调一致、协同配合的条件下安全、快速、高效实施。

① 水域救援应始终遵守"以人为本、安全第一"的基本原则，坚持救援安全优先等级标准，即救援人员自身安全永远第一位，队友和同伴安全第二位，被困者和他人安全第三位。

② 水域救援安全救援应遵循"先轻后重、先近后远、先己后人、先团队后个人"的顺序原则。

③ 水域救援技术应遵循"岸上救援优于水中救援、器械救援优于徒手救援、团队救援优于个人救援、先救有意识后救无意识"的顺序原则。

④ 水域救援理念应遵循"意识高于技术、技术重于装备、现场评估优于实施救援"的顺序原则。

⑤ 水域救援指导思想应遵循"预防为主、防救结合、精准施救、有备无患"原则，做到平时与战时、训练与实战、营救与后备三个相结合，建立健全安全预警机制，制定和完善突发事件应急救援方案。

⑥ 水域救援行为标准应遵守"依靠科学、依法规范"原则，坚持按标准规范建设水域救援队伍，依法依规从严管理队伍，科学有序按程序实施营救，制定队伍建设规范，健全训练与作战标准体系，确保水域救援队伍建设和营救行动的科学性、权威性、规范性和可操作性。

第六节　水域救援基本技术

根据水域救援技术的功能、作用和范畴，按照救援环境和技术类型，可分为岸上救援技术、入水救援技术、舟艇救援技术、绳索救援技术、直升机救援技术和潜水救援技术等。

① 岸上救援。主要针对有意识、有自主能力的清醒被困者，采取直接接触救援、间接抛投救援、架设绳索系统救援等技术与方法。营救水域遇险人员和被困者的行动，属于水域救援的首选和基础救援技术，具有简单易学、快速便捷、安全有效等特点。

② 入水救援。主要针对无意识和处于昏迷状态的被困者，采用涉水、游泳、桨板、救生板等救援方式，运用涉水救援、游泳救援、潜水救援等技术与方法。营救水域遇险人员和被困者的行动，属于高风险救援技术，必须经过专业培训，并具备良好的游泳和综合救援技能。在开放自然水域环境救援时，要根据现场实际情况科学判断，不得盲目使用，同时严禁非专业救援人员使用。

③ 舟艇救援。主要针对远离岸边、水域环境复杂、灾害面积广和有一定救援风险的灾害事故现场，采用无动力橡皮艇、机械动力艇（以下简称IRB）等救援装备，运用机动冲锋舟或橡皮艇技术快速、机动营救水域遇险人员和被困者的行动，属于专业的水域救援技术，适用于水流急、风浪大的急流和海滩水域环境救援。救援人员必须经过专业培训。

④ 绳索救援。救援人员使用绳索装备和绳索救援技术，在岸上或救援舟艇上，搭建救援绳索系统，开辟绳索救援救生通道，对遇险人员和被困者快速施救的行动。主要是指通过涉水、舟艇等救援方式无法接近被困者或返回时，借助绳索救援技术，架设和搭建救援通道，营救被困者和自我快速疏散，属于水域绳索专业救援技术，适用于急流、孤岛和横渡等环境救援。

⑤ 直升机救援。当水域环境恶劣，救援人员无法采取岸上救援、入水救援和舟艇救援等救援方式时，借助直升机通过空中途径营救水域遇险人员和被困者的行动，弥补一般救援行动的缺陷和不足，确保安全、高效地完成救援任务。此方式适用于快速运输救援人员和装备，精准开展急流、海上、孤岛、绳索等救援和转移伤病员。

⑥ 潜水救援。是对水下搜救、水下作业和潜水打捞等水下救援技术的统称。主要指救援人员使用潜水技术和潜水装备，对水下遇险人员和被困者进行施救，以及水下破拆、打捞作业等综合性救援行动。常用的救援方式有浮潜、浅潜和深潜三种，适用于自然水域潜水搜救和水下破拆、打捞等救援。

CHAPTER 2

第二章
水域救援基础知识

第一节 灾害基础知识

一、灾难的定义

灾难是指人类与自然生态环境之间，由于自然力量或人为的因素，对原本平衡的自然环境或人类社会生活造成了巨大的冲击，使得这一区域必须采取不同于平常的措施和方法，需要各种外来资源的投入才能应对的事件。

国际减灾委员会将灾难定义为：一种突发的、超过受灾地区承受能力的、需要外界援助的生态环境破坏现象。

世界卫生组织（WHO）对灾难的定义是：任何能引起设施破坏、经济损失严重、人员伤亡、健康状况及卫生服务条件严重化的事件，如其规模已超过事件发生地区的承受能力，而又不得不向地区外部寻求专门援助时，就可称其为灾难。

美国灾害生命支持协会将灾难事件概括为"需求大于资源"的严重突发伤害事件。前者强调灾难带来的伤害程度，后者强调灾难救援资源的匮乏，两者从不同角度阐述了灾难事件的特点。

二、灾难的两个要素

① 灾难必须是自然或人为的破坏性事件，大多有突发性的特点。
② 其规模和强度超出受灾地区自救或承受能力，需向外求援。

由于不同地区的受灾能力不同，相同量级的破坏性事件，对某些国家构成灾难，但对另一些国家可能不构成灾难，因此，缺少以上其中任何一个要素，都不能称之为灾难。

三、灾害与灾难

在我国范围内，灾害与灾难是近义词，没有严格的区分。灾害是指自然现象和人类行为，对任何动植物以及生存环境造成一定规模的祸害，是指自然发生或人为产生的、对人类和人类社会具有危害性后果的事件与现象，常带有自然的色彩。灾难是指天灾人祸所造成的严重损害和痛苦，当灾害严重时则造成灾难。灾难的形式随着时间、空间、地点的变化几乎完全不相同，例如同样震级的大地震，发生在人烟稀少的荒漠与人口密集的沿海大城市，其造成的人员伤亡和财产损失就截然不同。

四、灾难的分类

灾难按照其产生原因，主要分为自然灾难、人为灾难和复合灾难三大类。

1. 自然灾难

地震引起：地震地质灾害、火山爆发、海啸、泥石流等。

气候灾害：台风、龙卷风、沙尘暴、雪崩、洪水、干旱等。

天空灾害：暴雨、暴雪、冰雹、雷电等。

温度灾害：极端高温、低温冰冻等。

2. 人为灾难

技术疏忽：群体中毒、交通事故、火灾、严重污染、辐射等。

恐怖行动：暴力袭击、战争等。

其他原因：建筑物倒塌、塌方、矿难等。

3. 复合灾难

自然因素和人为因素共同作用产生的灾难事件。

第二节　水域灾害处置安全指南

救援人员必须掌握正确水域救援和自救求生的基本常识。对水域安全常识缺乏认识和掌握，不但无法成功救助溺水者，反而会危害救援人员自己的生命。因此，根据不同情况的水域，树立安全第一的意识，正确运用符合实际需要的救援技能，是每个参与水域救援的人员必须牢牢掌握的基本准则。具备良好的游泳技能，是作为专业水域救援人员的基本条件。

1. 水域救援施救顺序

伸、抛、划、游。

在水域救援行动中，救援人员自身安全永远放在首要位置。在评估和确认现场环境安全的情况下，应按照救援风险因素的大小，正确采用伸过去救、抛过去救、划过去救和游过去救等施救顺序。这个施救顺序也是水域救援行动的安全准则，严格遵守顺序准则能够大大降低救援带来的各种风险。

(1) 伸过去救

定义：在岸上进行救援的方法。根据水域性质状况，在安全情况下，可以用手脚直接接触，或者利用竹竿树木，以及任何可以随手取得的物件延伸过去，递给距离岸边较近的溺水者抓住，将溺水者拉到安全区域，使其脱离危险。采用伸过去救的方法时，救援人员首先要利用岸上牢固物体，采取抓、拉、压等方法，先稳固自身方可实施。

使用方法：溺水者在较平静水面中，且在距离岸边很近的水中挣扎时，救援人员迅速俯身趴伏在岸边，一手抓牢岸上的固定物，另外一手抓救溺水者，或者利用竹竿、树枝、木棍，特制的救生竿、救生钩等，以及任何可以延伸的物件增加长度延伸过去，给溺水者抓住后将其拖上岸，如图2-1所示。

图2-1 伸过去救示意图

(2) 抛过去救

定义：也是在岸上进行救援的方法。溺水者离岸边较远（约25m），用伸过去救的方法够不到或水流湍急的情况下，利用现场附近可用的漂浮器材抛给溺水者，如救生圈、救生绳、油桶、水桶、钓鱼箱、绳索（袋）等一切有浮力的物品，用漂浮绳绑牢后，直接向溺水者身上抛投过去。抛投前应先呼喊，待溺水者知道后再抛投。现场若无绳索，也可直接将漂浮物抛过去，让溺水者先抓住漂浮物自救和待救，如图 2-2 所示。

图 2-2　抛过去救示意图

使用方法：溺水者距离岸边较远，采用快速的抛掷法。

① 直接抛掷法：救生圈、球类、油桶、内胎等任何漂浮物，直接用力抛给溺水者，先让溺水者抱着自救，然后再设法救援。

② 绳索抛掷法：用漂浮绳系一个漂浮物件或救生圈，用绳子连接后抛投给溺水者，然后将其拖回安全区域。

③ 使用抛绳包：抛绳要朝容易将被困者卷入的漩涡处抛；收纳绳索的绳包开口一定要完全打开；抛绳前必须呼喊或者吹口哨，让被困者知道准备接绳；绳包要直接向被困者所在的位置抛去。

④ 使用抛绳枪：使用压缩空气作为动力，将牵引绳索连接好抛投弹头，瞄准溺水者位置区域，直接将绳索抛投给溺水者，使其抓住并拉回岸边。

（3）划（驾驶舟艇）过去救

定义：利用充气式橡皮救援艇或其他舟艇，以人力或机械动力实施水域救援，是救援风险较小的营救方法，如图 2-3 所示。

人力划舟艇救助要注意下列事项：

① 要用船尾接近溺水者；

图 2-3 划过去救示意图

② 在河中水流很急的地方,把桨递给溺水者将其拖到船尾上船;

③ 若溺水者无力上船,不必勉强拉其上船,在确保水中安全的条件下,可先将其拖救至岸边或安全区域,再设法救助;

④ 将船上的救生器材抛掷给溺水者自救后,再救助其上船是更安全的方法。

(4) 游过去救

定义:是救援行动中最艰难和危险的方法。救援人员必须掌握时机,选取接近溺水者的恰当位置,并且接受过水域专业救生训练,具备熟练技能和较好体能。游过去接近溺水者时,应优先选择让其抓住浮力器具后再拖离险境,其次才考虑直接接近溺水者施救。

游泳救援法:距离岸边较远,在抛投法达不到的距离而又无舟艇可用,需要游泳救助溺水者时，应该穿好救生衣，系扣好安全绳，并携带救生浮具下水营救。

使用方法：携带任何漂浮物游向溺水者，到达溺水者处将救生浮具交给溺水者，然后将其拖回岸边，这是水域救援中最艰难的方法。救援人员必须掌握合适时机，而且必须接受过整套水域救生训练，具备一定的技能和体能。包括以下方法。

① 间接救援法：与溺水者保持戒备距离，使用救生浮具陪伴救助。

② 直接救援法：根据不同水域情况，从其背后贴身接触溺水者，按其个人的意识状况，分别采用直手拖行、握腕拖行、托颏拖行、横胸拖行、肩膀拖行、扶头拖行、浮物托头等方法。

总而言之，作为水域救援人员，不论采用哪一种救援方法，都要首先保证自身的安全，才能去救助他人，千万不要盲目、冲动下水救援，最终演变成人溺己溺、以命换命的悲剧。

2. 水域救援人员行动规则

① 必须在穿戴好整套合格的个人防护装备后才能下水。

② 必须要有专人在岸上或舟艇上做后方保护。

③ 下水救援时千万不要将绳索系在身上并打死结。

④ 在河流水域救援时（包括训练及演练），必须在上游配备观察员，必须在下游配备安全员，运用机动舟艇与抛投手在下游设置多重保护。

⑤ 行动中第一是要保护好自己，第二是要保护好队友同伴，第三是救助溺水者。

⑥ 在江河急流水中漂浮时，必须头部朝上游，脚部朝下游，不能让脚和臀部往下沉。

⑦ 急流水面架设横渡绳索时，不要垂直横跨河道直角架设，必须根据现场实际情况呈 45°及以上的角度架设，以借助水流力量到达目的地。若直角架设，水流会将横渡绳索冲成 V 字形状，会把横渡人和物件冲压在水里，无法动弹。

⑧ 在岸边站立时，应站在架设绳索的后面，不要站在靠水的一面或绳索拐角处，以免被断落的绳索扫落水中。

3. 水域救援人员个人装备

包括专用头盔、救生衣（PFD 浮力装置）、水域专用靴、保暖防护衣、手套、救生哨子、小刀、防水手电筒、腰挂式抛绳袋等。

第三节　淹溺处置基础知识

淹溺救援生存链如图 2-4 所示。

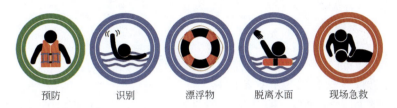

图 2-4　淹溺救援生存链示意图

一、预防

防患未然，最好的救助都不如没有发生险情，所以预防为首要，特别是不准私自下水游泳；不能到不熟悉的水域去游泳、玩水。要选择有安全设施、有救护人员的水域游泳，如果发生溺水事故，不要擅自下水施救。

二、识别

大多数情况下，人们溺水后是没有尖叫声等能引起周围人们注意的行为。我们很难注意到一个溺水的人，但有一些迹象可以帮助确定一个人是否溺水。注意：在头部完全浸没在水中，8min 以内能够得到救援的，生存几率最大。

① 溺水者可能会不规律地挥动手臂。
② 人头周期性地浸入水中。
③ 害怕反映在脸上，头向后仰并张开嘴。
④ 该人处于直立位置。
⑤ 呼吸急促而浅，大口喘气。

三、漂浮物

对于救援者来说，器材的救援会优于徒手的救援。所有可见范围内的可承重物品都可以做为救援漂浮物使用，比如救生圈、浮筒、干燥的树干木板等，应尽快使溺水人员接触到漂浮物，争取救援的时间。

四、脱离水面

溺水者被救助后应当尽快脱离水面，除了防止水中有可能带来的二次伤害外，也更方便对其进行下一步的救援。

五、现场急救

对于溺水者救援后依然清醒的，有呼吸、有心跳，应呼叫120后陪伴、保暖，等待救援人员送医院观察。

溺水者如果有呼吸、有心跳，但是意识不清的，呼叫120，清理口鼻异物，稳定侧卧位，等待救援人员到达，同时密切观察呼吸和脉搏情况，必要时心肺复苏。

溺水者昏迷、无呼吸、无心跳的，应给予开放气道、人工呼吸和心肺复苏，同时呼叫120，并持续复苏至患者呼吸和脉搏恢复或急救人员到达并送医院观察治疗。

第四节　水域救援失温现象

一、失温的定义和现象

① 失温是指人体热量流失大于热量补给，从而造成人体核心区温度降低，并产生一系列寒战、意识障碍、心肺功能衰竭等症状，甚至最终造成死亡的病症。这里所谓的人体核心区，主要是指大脑和躯干内的心、肺等维持生命的主要器官，这一概念是相对于人体四肢和表层皮肤而言的。

② 用公式来表示即为：热量保持＋热量产生＜热量流失＝失温症。

③ 失温又称"低体温""体温过低"，系指患者的核心体温低于35℃。一般，失温成年人是由于创伤、冷水浸泡或长时间暴露于低温的环境中。生病发热或喝酒的人因散热快，失温较容易发生，体力消耗较大及疲劳状态下发生失温的速率也会加剧。当体温（指身体核心区温度）低于30℃时，死亡几乎无可避免。需要特别指出的是，这里提出的体温概念是指人体的核心区温度，而不是体表温度，往往存在体表温度低于30℃甚至冻结而人却仍然存

活的情况。这就是有些人在户外出现冻伤甚至截肢，却能保全生命的原因。因此人体落水后身体失温问题，在较低水温情况下实施救援的理论依据显得尤为重要。

④ 在开展水域救援与训练中，人体在较低水温中能够保持多久的战斗力、人体在较低水温中最佳救护时间、如何采取最佳的处理办法等一系列问题随之而来。当人处于寒冷环境中时，人体会通过血管收缩减少流向表皮和四肢的血流量，将更多血液保留在人体的核心区，一方面减少因血液流经寒冷的表皮而造成的热量散失，同时也可以更好地为重要器官提供热量和营养，并最终达到保全生命的目的。人体的热量被水温吸收到某一种程度时，便会产生失温状态，进而引起颤抖现象来增加体内温度。若持续发生此现象又未获得改善时，人体便会因失温而导致休克，甚至死亡。

二、人体落水失温的预防

① 在实施水域救援前，平时要对救援人员进行常态化的基础技能和安全意识的培训。加强游泳训练，在条件允许的情况下进行冬泳训练，增强机体适应较低水温的能力，延长机体对较低水温的耐受时间。在条件允许的情况下，可到较低温度水域开展训练。

② 救援时要制定完善的救援行动方案，指挥员要了解水域现场的水温情况和相关气候知识，收集好当地和周边的天气预报，做好突发情况的各项准备工作，必要时还应穿着防寒保暖衣。

③ 进行救援活动前应补充足够热量（食物），一旦落水不要惊慌失措，不要在水里挣扎，要将口鼻露出水面，以避免因水的流动而散热过快造成热能消耗过快。要使身体在水中尽可能长时间维持生命现象，等待救援。若使用直升机救援，在吊起时应先用被毯将被困者覆盖，以避免受直升机的强风吹袭而加速失温。

三、人体落水失温的救护

① 人体在湿衣服中要比在干燥衣服中"失温"速度快25倍。风吹时还会发生"风寒效应"，当风速达9m/s时则体感温度为0℃。另外水中的热导率比静空气大32倍，也就是说在相同温度的情况下，人体在水中将比在静空气中的失温速度快32倍，所以将落水者救上岸（舟艇）后，要选择无风而较温暖干爽的环境，避免恶劣环境使落水者体温进一步下降。

② 减缓伤员血液流动，防止温度较高的血液快速流向表皮，减少热量散失。

③ 根据落水者情况，依照心肺复苏的要领进行急救。迅速脱掉落水者潮湿冰冷的衣物，用毛毯和干衣物覆盖保暖，阻止体温继续下降。对落水者进行全身肌肉按摩，促进提高落水者体温。在条件允许的情况下可用热水袋，意识清醒者也可用热水浴来恢复体温；在野外条件下，燃起篝火并用施救者的体温传导，以防落水者体温下降，尽最大可能让落水者喝适量的热饮、温开水、糖水等。

四、失温的各个阶段和表现

① 一级，轻度失温。33～37℃，具体表现为颤抖、心率加快、排尿变多、呼吸频次升高、肌肉不协调、蹒跚、行为异常等。

② 二级，中度失温。29～33℃，具体表现为恍惚、颤抖减少或消失、虚弱、思维麻木、智商降低、口齿不清、记忆障碍、视觉障碍、心律不齐、瞳孔放大等。

③ 三级，严重失温。22～29℃，具体表现为昏迷、神经反射消失（对疼痛没有反应）、呼吸频率和心率极低、低血压、可能出现心室纤颤、患者无法自主调节体温等。

④ 四级，致命阶段。低于22℃，具体表现为肌肉僵硬，不能觉察到心跳或者呼吸，极易出现心室纤颤，直至真正死亡。

CHAPTER 3

第三章
水域救援队伍建设

水域救援技术是一项区别于灭火等其他应急救援技术的特殊专业救援技术，具有技术专业性强、操作程序要求严、应用环境相对复杂和救援危险性高等特点。水域救援所涉及的江河、湖泊、急流、水下、内涝、涵洞等静动态水域救援环境通常风险较大、复杂多变，稍不注意，则有可能发生人员落水溺亡的风险。救援人员在作业中必须全程高度重视、细心专注、慎之又慎，绝不能粗心大意、随心所欲、各自为战。在实际救援中，每一次水域救援任务都要靠整个团队统一行动、步调一致、协同配合完成，属于个人救援技术和团队救援技术的有机结合。其中个人技术是团队技术的基础和前提，团队技术是个人技术的应用体现和安全保障。在开展水域救援技术培训、训练的同时，必须高度重视水域救援队伍个人素养能力和团队综合能力的建设和发展，重点打造素养良好、技术过硬、协同配合的水域救援团队，确保安全、迅速、高效完成每一次救援任务。

第一节　结构组成

水域救援队员要按照素养过硬、一专多能、攻坚克难的要求，必须经过专业理论和技术培训，掌握相应救援知识和专业技术，并取得相应的资质或技术认证。

（1）建队类型

整建制的水域救援队通常应具备静水救援、急流救援、舟艇救援、绳索救援、潜水救援、空中救援等技术和能力，包括整建制综合型水域救援队和单一专业型水域救援队（分队）两大类型。整建制综合型水域救援队应同时具备静水、急流、舟艇、潜水、绳索等综合型专业救援技术能力，通常按照队＋分队＋组或队＋单元＋组的结构模式组建。单一专业型水域救援队（分队）通常根据区域灾害类型实际需要，针对静水、急流、舟艇、潜水等救援需求而特定建设，一般按照队＋小组的结构模式组建，特殊情况也可以根据救援区域灾害特点，按照一专多能的思路，采用队＋单元（小组）或专业小组的结构模式组建。

（2）模块设置

水域救援队伍人数没有固定限制，通常根据灾害区域特点和救援需求实际而定，但至少要满足救援小组人员基本岗位编成需求。整建制综合型救援队通常由 30～50 人组成，队伍结构包括管理（指挥）、救援和保障三个职能模块。

① 管理模块是队伍建设管理和救援指挥机构，负责队伍日常建设、训练、管理和救援组织、指挥、协同，包括指挥、安全、联络、协调、信息、通信和宣传等岗位。

② 救援模块是队伍具体执行部分，包括静水、急流、潜水、舟艇、绳索和空中救援等救援专业分队、单元或小组，可根据实际救援需要按照分队、单元或小组的结构建设。

③ 保障模块主要负责队伍的后勤补给、医疗勤务、信息通信、油料保障、装备维护和基地管理等保障任务，包括管理、通信、生活、物资、维修、医疗等岗位，通常不应少于 6～8 人。

单一专业型救援队（分队）通常不单独建立管理和保障模块，在救援队伍中增加指挥、通信、医疗和后勤等岗位人员，形成集管理、救援、保障为一体的组合型救援队伍结构模式，通常由 15～20 人组成。特殊情况下也可以只组建救援组，适当增加救援人员数量，其保障职能由救援人员兼任，有条件的单位也可同时建立管理、救援和保障三个功能模块，确保管理、救援和保障等职能高效运行。

水域救援队基础架构图，如图 3-1 所示。

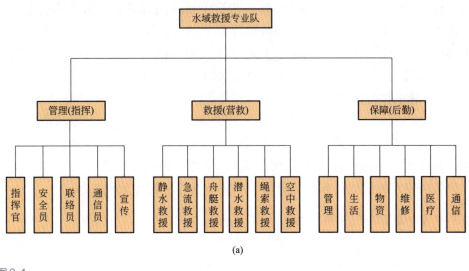

(a)

图 3-1

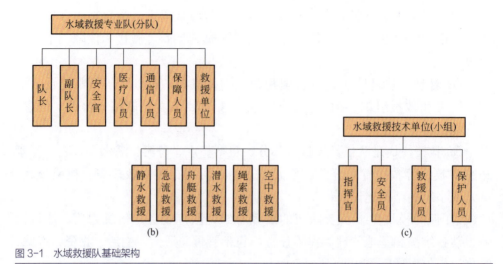

图 3-1　水域救援队基础架构

第二节　单元（小组）编成

水域救援队伍救援单元（小组）编成，要在坚持队伍整体组成架构的基础上，针对不同灾害救援类型，合理、科学和有效进行人员编成和明确职责分工，包括静水救援类型编成、急流救援类型编成、舟艇救援类型编成、潜水救援类型编成、绳索救援类型编成和空中救援类型编成。在建制救援队伍建设中，也可根据救援需求，同时设置多个同类型技术救援单元（小组），满足两个或两个以上现场同时救援作业需求，但基础单元（小组）的编成仍需按以下救援类型的岗位分工和人员数量编成。

1. 静水救援编成

静水救援是指在河流、湖泊或没有明显流动水流的静态水域环境中，利用救生圈、救生绳等简易工具，直接或间接下水救援的技术，是日常水域救援经常使用的基本救援技术。救援单元（小组）编成由指挥、安全、救援和保护等岗位人员组成，人数通常不少于 4～5 人，具体见表 3-1。

表 3-1　静水救援单元（小组）编成

分工	人数	职责
指挥员	1	负责救援行动组织、指挥、协调和控制

续表

分工	人数	职责
安全员	1	负责救援环境评估、救援行动安全监察、评估营救策略、掌握救援人员身体状态和紧急撤离预告、组织等
救援人员	2	负责对被困人员实施营救或救助
保护人员	1	辅助救援人员营救行动，做好岸际保障和保护工作

2. 急流救援编成

急流救援是指在河流、湖泊、山谷、峡谷、沟渠、城市设施等环境中，因暴雨、山洪、台风、水库泄洪、上游水量增大等，形成水流速度较快的水域环境，救援人员利用舟艇、绳索、空中等方式进行专业救援。救援单元（小组）编成由指挥、安全、救援、观察和紧急救助等岗位人员组成，人数通常不少于6～8人，具体见表3-2。

表3-2 急流救援单元（小组）编成

分工	人数	职责
指挥员	1	负责救援行动组织、指挥、协调和控制
安全员	1	负责救援环境评估、救援行动安全监察、评估营救策略、掌握救援人员身体状态和紧急撤离预告、组织等
救援人员	2	负责对被困人员实施营救或救助
观察人员	1～2	在水域环境的上游、救援现场周围、泥石流等山体滑坡的上端，观察、监测和判断险情，及时向救援现场人员发出信号和向指挥员报告情况
紧急救助人员	1～2	在河流下游或水域危险环境预先准备，做好紧急拦截和救助，以及辅助救援人员营救行动，做好安全保障和保护工作

3. 潜水（水下）救援编成

潜水救援是危险性较高的特种作业技术，是指针对人员溺水、车辆等交通工具翻覆落水、重要物资水下打捞和水下特殊工程作业等引发的事故，依托专业的特殊装备和设备，采用潜水的方式开展的营救行动，根据潜水目的、装具、作业系统、呼吸保护的差异区分为不同的潜水类型。潜水救援因事故发生类型和环境的不确定性，对潜水救援人员的专业技术要求非常之高，绝不能未经严格、系统、专业培训和经常性训练，或培训和学习一知半解后就盲目参与潜水救援作业。救援单元（小组）编成由指挥、安全、潜水、保护和保障等岗位人员组成，一个单元（组）人数通常不少于6～8人，具体见表3-3。

表3-3 潜水救援单元（小组）编成

分工	人数	职责
指挥员	1	负责救援行动组织、指挥、协调和控制
安全员	1	负责救援环境评估、救援行动安全监察、评估营救策略、掌握救援人员身体状态和紧急撤离预告、组织等
潜水人员	2	负责潜水搜索、打捞和特殊环境水下作业
保护人员	2	作为紧急救援人员，负责在水面整装待命，时刻准备对潜水人员实施紧急救助，或协助开展营救行动
保障人员	1～2	作为潜水作业后备支撑，辅助潜水人员营救行动，做好安全保障和保护工作

4. 舟艇救援编成

舟艇救援是指使用冲锋舟、橡皮艇、摩托艇、气垫船、水陆两栖车、救援船等水面舟艇或水面漂浮设备，对被困人员实施营救和物资转运的救援方式和救援技术。救援单元（小组）编成由指挥、安全、驾驶、救援、保障等五个岗位人员组成，通常按舟艇为基本单元编组，一个单元（组）不应少于5～6人，具体见表3-4。

表3-4 舟艇救援单元（小组）编成

分工	人数	职责
指挥员	1	负责救援行动组织、指挥、协调和控制
安全员	1	负责救援环境评估、救援行动安全监察、评估营救策略、掌握救援人员身体状态和紧急撤离预告、组织等
驾驶员	1	负责驾驶和操作救援舟艇
救援人员	2	负责对被困人员实施营救或救助
保障人员	1	作为救援人员保障支撑，协助救援人员做好岸际油料、物资等综合保障

5. 绳索救援编成

绳索救援是指使用绳索及其辅助装备，通过不同技术的组合运用，对被困于高空、孤岛、建构筑物等环境的人员，在不具备舟艇或涉水救援条件的情况下，以及需要快速转移大量被困人员时，采用的救援方式和技术。其救援理念和技术与高空绳索救援基本相同，但因水域救援环境的特殊性，在应用绳索技术开展水域环境救援时，要灵活选用和区别对待。一个单元（组）不应少于6～7人，也可以按照专业绳索救援队伍的编组编配人员，但在救援过程中要与高空绳索救援区别应用，具体见表3-5。

表3-5 绳索救援单元（小组）编成

分工	人数	职责
指挥员	1	负责救援行动组织、指挥、协调和控制
安全员	1	负责救援环境评估、救援行动安全监察、评估营救策略、掌握救援人员身体状态和紧急撤离预告、组织等
救援人员	4	负责对被困人员实施营救或救助
保障人员	1	作为救援人员保障支撑，协助救援人员做好通信、医疗、物资等综合保障

6. 空中救援编成

空中救援是指在舟艇、水域等救援方式无法完成，或极端险境，以及被困人员需要紧急营救等情况下，依托直升机开展的索降、机降营救行动。一个单元（组）不应少于4～6人，也可以与绳索救援单元（小组）合并编成。因直升机的运载能力限制，机上作业人员通常1～2人，并在直升机绞车人员的配合下开展营救作业，其余岗位人员在地面协助或辅助，具体见表3-6。

表3-6 空中救援单元（小组）编成

分工	人数	职责
指挥员	1	负责救援行动组织、指挥、协调和控制
安全员	1	负责救援环境评估、救援行动安全监察、评估营救策略、掌握救援人员身体状态和紧急撤离预告、组织等
救援人员	2	负责在直升机上对被困人员实施索降或机降营救
保障人员	2	作为救援人员保障支撑，协助救援人员做好通信、医疗、物资等综合保障

第三节　岗位职责

一、队长（指挥员）职责

① 了解和掌握队伍情况，根据命令和现场情况，科学制定救援行动计划和方案，并组织、部署、管理和贯彻执行。

② 组织、制定、落实战备制度，带领队伍完成救援任务。

③ 负责队伍日常技术训练，保证各项训练任务的落实，不断提高队伍专业知识和业务技术能力水平。

④ 掌握队伍能力水平，做好队伍基础训练设施规划、建设，带领队伍开展救援装备改革和技术革新。

⑤ 带领队伍完成上级部署的工作和救援任务。

二、副队长职责

① 副队长由组织能力强、救援经验丰富的骨干队员担任，积极协助队长工作，在队长临时离开工作岗位时，代行队长职责。

② 学习掌握救援技术和方法，熟悉队伍装备器材的性能、使用、训练和维护保养方法。

③ 充分掌握现场情况，协助队长组织指挥和开展救援。

④ 组织队伍实施业务技能训练和考核。

三、安全官（员）职责

① 掌握事故现场安全评估、救援行动等相关知识，具备专业队员救援技术水平。

② 负责日常训练和救援现场的安全工作，指导训练和救援行动，督促队员落实安全防护，执行安全规定。

③ 监督、掌握训练场和救援现场的安全行动，发现违规操作和危险情况，立即制止、叫停训练或救援行动。

④ 协助队长确定危险范围，确定紧急撤离路线和信号，紧急情况下组织人员及时撤离。

⑤ 带头遵守安全法规制度，宣传安全法律法规知识，督促队员落实安全

法规制度，定期组织队员学习相关安全知识。

⑥ 及时报告安全隐患及事故苗头，提出改进安全工作的建议。

四、医疗官（员）职责

① 掌握医疗急救、伤员处理等相关知识，具备专业队员救援技术水平。

② 负责制定紧急医疗救治器材、仪器、药品等医疗物资的购置、储备和更新计划，负责医疗器材、药品的使用、维护和更新。

③ 负责队员的日常医疗保健、健康管理和档案建设。

④ 负责救援现场伤员的紧急医疗处置和救治。

⑤ 指导和协助救援人员营救被困伤员。

⑥ 负责救援现场救援人员、伤员的紧急医疗处置。

⑦ 负责救援现场医疗设备的使用、维护和保养。

五、后勤保障职责（兼职）

① 掌握水域救援相关专业知识和技术，熟悉水域救援程序和流程。

② 制定队伍后勤保障计划，负责队伍吃、穿、行、住等生活物资采购和保障。

③ 负责生活物资管理、发放、调配和运输。

④ 负责生活物资、装备、设施的管理、维护和保养，确保完整好用。

六、装备管理职责（兼职）

① 掌握水域救援相关专业知识和技术，熟悉水域救援程序和流程。

② 负责制定装备发展规划、更新计划，储存管理和定期组织维护保养。

③ 负责水域救援公共装备管理、登记造册、性能检测和分配管理。

④ 负责制定装备管理档案，组织开展装备知识学习、研究。

七、上游观察员职责

① 负责监测事故水域上游漂浮物及其他影响水域救援行动安全的突发情况，判断突发险情，及时、准确发出信号，并向指挥员报告。

② 第一时间组织分析研判水域救援可能存在的风险等级、地形地貌情况，为制定处置预案提供信息支撑。

③ 对事故水域现场、上游和下游进行实时监测。

④ 保持瞭望，注意观察，发现险情时及时发出预警信号。

⑤ 熟悉掌握手势信号与团队旗语识别。

⑥ 熟悉掌握水域装备器材操作使用和维护保养，保证装备器材安全、完整和好用。

八、下游拦截员职责

下游拦截员负责在流动水域下游预先采取措施，当有救援人员或是被困者落水时，能够在下游处迅速以抛绳、拦截网、救援艇等方式立即将其救起，是水域救援任务的最后一道防线。

九、舟艇驾驶员职责

① 负责安全驾驶舟艇船只运输人员和装备物资，为救援提供行动和安全保障。

② 熟悉掌握冲锋舟、橡皮艇、摩托艇等舟艇的技术性能，能够排除一般性技术故障。

③ 熟练掌握冲锋舟、橡皮艇、摩托艇的驾驶操作技术。

④ 熟悉水流情况，能正确判断危险和评估安全。

⑤ 掌握水域应急事故处置行动要求。

⑥ 熟悉辖区水域情况，掌握冲锋舟、橡皮艇、摩托艇的驾驶规程，保证救援人员的安全。

⑦ 熟悉掌握冲锋舟、橡皮艇的器材维护和保养，保证冲锋舟的安全、完整、好用。

十、救援人员职责

① 热爱本职工作，明确任务和职责，不断加强责任意识。

② 熟练掌握和使用救援装备，积极摸索和提高业务技能。

③ 加强学习和训练，提高水域环境的搜索、破拆和营救技能。

④ 经常性地维护和保持器材装备的性能，保证装备处于战备状态。

⑤ 熟练掌握水域救援类型情况，以及各种突发水域事故处置方案。

⑥ 熟练掌握水域救援各类通信器材的使用方法，以及各种通信识别。

十一、潜水员职责

① 潜水员负责佩带潜水装备，负责水下搜索、破拆和营救人员。

② 热爱本职工作，明确自己的任务和职责，不断增强责任意识。

③ 熟练掌握和使用潜水装备，积极摸索和提高业务技能。

④ 加强学习和训练，提高水下的搜索、破拆和营救技能。

⑤ 经常性维护和保持各种潜水装备器材性能良好，保证装备时刻处于战备状态。

⑥ 熟练掌握基本常识性水域环境知识，以及各种突发水上事故处置措施和技术。

⑦ 熟练掌握水下各种通信器材的使用方法，以及各种手势信号识别。

十二、通信员职责

① 负责救援现场的通信联络，为指挥员传达救援信息，协助指挥员组织指挥。

② 掌握各类通信器材的技术性能和使用方法。

③ 经常性地对通信器材进行维护保养，保证器材的完整好用。

④ 熟悉各种通信方式、联络语言，保证指挥信息有效传达。

⑤ 负责收集整理救援现场各种信息，做好救援日志记录。

⑥ 熟练掌握排除各种通信故障的方法，保障通信畅通。

⑦ 建立并保证图传设备系统完整好用。

⑧ 负责现场无人机操作和使用。

第四节　能力评估

水域救援能力评估是指对在水域救援队中担负不同岗位、不同技术能力等级的人员，在救援行动中运用本岗位的专业知识和技术能力的熟练程度和技术水平，以及在救援中解决各种问题、难题所采取的救援策略、措施、方法和结果的综合评价。能力评估的方法主要是通过桌面推演、案例分析和实战训练、演练等方式，检验和评价队员的救援方案、策略是否符合需求、是否合理正确、是否科学高效，分析决策是否符合安全、简单、迅速、有效的救援总原则，采取的救援策略和措施是否符合救援现场实际情况。

一、指挥员（队长、副队长）应具备的能力

① 能制定训练与救援行动预案、方案、计划和规划。

②能制定队伍发展规划和队员培训、管理、考核计划。
③能带领队伍开展训练和完成各种救援任务。
④能协调、调整和整合各种训练和救援资源。
⑤能组织指挥各种救援行动和模拟灾害训练、演练。
⑥能发现、分析和解决队伍存在问题和难题。
⑦能熟练掌握和运用组织指挥技能和专业救援技术。

二、专业队员应具备的能力

①能熟练掌握救援理论、技能和专业技术。
②能熟练掌握并操作各种救援装备和器材。
③能结合现场情况开展救援评估、制定救援策略和运用战术措施。
④能处理救援过程中的各种突发情况和事件。
⑤能评估和发现救援现场潜在威胁，结合现场实际情况和队长指挥决策，科学运用救援技战术措施。
⑥能熟练掌握医疗、宣传、后勤、装备、安全等相关业务知识。
⑦能熟练掌握和运用救援理论、技能和专业技术。

三、安全官（员）应具备的能力

①能掌握救援现场安全评估、救援行动等基础和专业安全知识，具备实战经验。
②能有效控制整个救援行动安全，督促队员落实安全防护和安全要求，执行安全规定，落实安全制度。
③能熟练运用各种安全知识和技能，及时发现、制止各种安全风险和违规行为。
④能熟练掌握和运用救援理论、技能和专业技术。

四、医疗官（员）应具备的能力

①能对伤员和队员的心理压力进行有效干预。
②能对伤员和队员实施紧急医疗救治和处理。
③能对医疗设备进行检查、维护和保养。
④能建立和管理队员医疗健康档案，落实队员健康跟踪管理和日常医疗保健。

⑤ 能熟练掌握和根据实际情况运用医疗设备和急救技术。
⑥ 能熟练掌握和运用救援理论、技能和专业技术。

五、后勤人员应具备的能力

① 能熟练掌握和运用救援理论、技能和专业技术。
② 能熟练掌握后勤保障要求、标准、流程和工作方法。
③ 能制定队伍保障计划、标准规范，精确测算和量化保障。
④ 能协调、沟通、整合各种保障资源。
⑤ 具备营地选址、搭建、运行和协调能力，能够有效组织营地管理工作。

六、装备管理应具备的能力

① 能熟练掌握和运用救援理论、技能和专业技术。
② 能熟练掌握装备理论、原理、性能和特点等参数，能熟练操作使用各种救援装备。
③ 能有效管理、维护、保养装备，定期组织装备性能测试，提出管理、更新和配备意见。
④ 能编制装备发展、更新、革新规划和计划，提升装备整体水平。

第五节 培训要求

水域救援专业队员分为救援队员和潜水队员两大类型，救援队员和潜水队员技术等级均分为预备队员、1～5星级队员和教练级等七个层级。

预备队员不算正式队员，主要处于入队前的适应期和基础素养考察期，应参加入队培训和适应性训练；1～2星级为初级队员，应参加初级培训；3～4星级为中级队员，应参加中级培训；5星级为高级队员，应参加高级培训；教练级作为单列级别，主要承担教学和培训职责，应参加有针对性的专项培训，具体培训内容见表3-7。

可按照国家水上救生员和潜水员职业技能标准体系开展技能培训，也可按照国家水上救生员和潜水员职业技能能力等级标准分级培训，如图3-2所示。

表 3-7 救援队员培训能力要求

等级	基础技能	专长技能	核心技能	作业能力	参考社会面水域救援技能等级
初级	水域救援理论基础；水情、水流分析；水域个人装备穿戴、入水技术；急流徒手救生、急流横渡与救生、舟艇的组装及岸上操作与救生、救生绳袋的正确使用、CPR和AED救护	搜救员能力确认、编组、分工计划与应有的认知与作为；水域分辨、流速分析；水域救援装备的选择、水域救援装备的正确使用；入水法、攻击式、防卫式、保护式泳姿；回流区运用；单人涉水横渡、多人涉水横渡、保护灾民安全横渡操作；不带外机的舟艇水域实际操作、水域环境翻艇自救；救生绳袋上抛、下抛、侧抛、二次抛、收绳法；陆地操法准度练习、CPR和AED救护	水情与环境的认知分析；急流游泳、团队回流区进入；个人保护急流通过；抛绳袋救援、涉水横渡、团队脱困、陆上不带外机的翻艇自救技能；CPR和AED救护	鉴于水域救援是一项风险极高的任务，初级救援队员不参与下水执勤备战，但可成为岸上安全员及救护员，并成为救援水域救助梯队后备力量	国际搜救教练顾问联盟急流救生R1级、ERE应急救援专家系统急流/洪水救援技术SWR 1认知级
中级	具备初级水域救援队员技能；个人学科实操及基本绳结；无动力操艇及翻艇自救；急流游泳及带人；个人回流区进入；横渡架设、活饵救援、双人脱困、双人夜间脱困；岸上固定点架设	搜救员单、双人横渡救援与脱困；活饵救援法；急流中夜间团队搜救与脱困；团队救生与搜救；岸上固定点架设种类操作；翻艇自救（不带外机）	绳结（各类八字、水结、蝴蝶结、渔人结、布鲁治克结）熟练；无动力翻艇自救；急流带人游泳；活饵救援（V型及向量）；横渡架设	参与常规救援救助作业，不得从事超过自身能力范围的救援行动	国际搜救教练顾问联盟急流救生R2级、ERE应急救援专家系统急流/洪水救援技术SWR 2操作级

续表

等级	基础技能	专长技能	核心技能	作业能力	参考社会面水域救援技能等级
高级	具备中级水域救援队员全部技能；垂降入水救援；抛绳枪、障碍通过、活饵救援（V型及向量）、团队固定点架设（打桩、埋桩、堆栈）；IRB基础救援；IRB基本驾驶及救援；IRB故障排除；IRB抛绳袋救援；IRB活饵救援；舟艇夜间驾驶	垂降入水救援；水上障碍通过；活饵救援；团队索绳横渡架设（打桩、埋桩、堆栈）；IRB基本驾驶及救援；IRB驾驶；IRB人员落水救援；IRB带外机翻艇自救；IRB抛绳袋救援；IRB活饵救援	个人水域救援技术熟练、舟艇驾驶救援技能熟练、可带领一个水域救援队伍、具备辅助教学能力	参与极限任务，不得从事超过自身能力范围的救援行动	国际搜救教练顾问联盟急流救生R3级、ERE应急救援专家系统IRB充气式动力救援艇技师——岸际（急流）/洪水救援技术SWR 3技师级
教练级	具备高级水域救援队员全部技能；具备IRB技师资格；第一救助教练资格；水域指挥官资格；院前急救师资；应在获取教练资格后参加不少于两次对中级队员的培训督导	高级水域救援队员所有专长；各学科试讲试教；夜间求生；IRB翻艇自救及故障排除；车辆落水救援；水域搜救案例研讨及分析	除具备高级水域救援队员技能及IRB舟艇救援技能外，能够培养中级以上应急救援潜水员	参与教学任务；参与常规及极限任务	国际搜救教练顾问联盟急流救生R4级、ERE应急救援专家系统急流/洪水救援技术SWR 4教练级、IRB救援技师资质、水域指挥官资质；AHA HS导师；红十字救护师资

一、入队培训

主要是对自愿参加，并通过初步遴选条件的人员进行入队思想教育引导和入队资格的水域救援技术培训。培训时间不少于10天，培训内容包括救援理念、政治思想、基础法律、体能训练、救援基础理论、个人基本技能等知

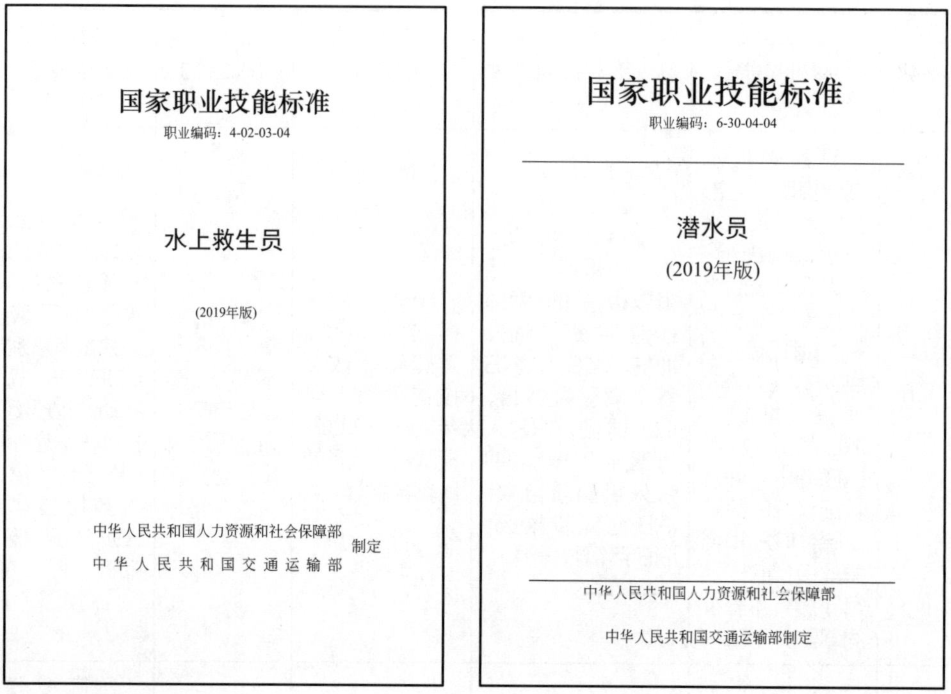
国家职业技能标准

职业编码：4-02-03-04

水上救生员

(2019年版)

中华人民共和国人力资源和社会保障部
中华人民共和国交通运输部
制定

国家职业技能标准

职业编码：6-30-04-04

潜水员

(2019年版)

中华人民共和国人力资源和社会保障部

中华人民共和国交通运输部制定

图3-2　国家职业技能标准

识学习和训练。其主要培训能力要求如表3-7所示。

① 水域救援基本特点，救援队和队员应具备的救援能力和在救援中发挥的作用。

② 水域救援体系建设和发展等基础知识。

③ 识别和减少作业环境潜在危险的基础知识和能力。

④ 心肺复苏、止血和包扎等紧急医疗知识和处置技术。

⑤ 救援队员的基本素质、道德要求和基础法律知识。

⑥ 救援队员个人着装规范、行为准则和个人防护装备（PPE）知识。

⑦ 救援队员身体、心理素质和相关标准。

⑧ 救援行动训练安全和自我保护要求。

⑨ 水域救援安全原则，装备理论知识，装备模块化和规范整理，静水救援等基础知识与技能练习。

二、初级培训

参加入队培训并合格的队员，进行为期3个月的试用期，经过考核合格后成为正式队员，并参加初级培训。初级培训主要内容为水域装备使用、维护和保养，水域救援个人技术、小组基础技术等，培训要求为每星级 1 次，每次 15 天。其培训内容为：

① 水域救援行动基本知识。
② 水域装备种类、用途和功能等基础知识。
③ 装备基本原理、维护保养和操作使用。
④ 救援安全理论与自我保护措施、方法和要求。
⑤ 水域救援理论基础；水情、水流分析；水域个人装备穿戴、入水技术；急流徒手救生、急流横渡与救生；舟艇的组装及岸上操作与救生；救生绳袋的正确使用；CPR 和 AED 救护等。
⑥ 队员能力确认、编组、分工、计划与应有的认知与作为；水域分辨、流速分析；水域救援装备的选择、水域救援装备的正确使用；入水法，攻击式、防卫式、保护式泳姿；回流区运用；单人涉水横渡、多人涉水横渡、保护安全横渡操作；无动力舟艇水域操作、水域环境翻艇自救；救生绳袋上抛、下抛、侧抛、二次抛、收绳法；陆地操法准度练习；CPR 和 AED 救护等。

三、中级培训

培训对象为参加初级培训并考核合格，且获得 2 星级的队员，培训要求为每星级 1 次，每次 20 天。其培训内容为：

① 各种灾害现场的危险因素分析方法、程序等基础知识。
② 救援装备使用、维护和保养。
③ 伤员紧急处置、稳固和转移技术。
④ 安全、医疗、后勤、装备、通信、心理等专业知识和技能。
⑤ 教学、指挥、组织、管理和训练等基础能力。
⑥ 案例复盘、推演、演练等组织能力。
⑦ 个人救援技能和团队救援技术综合应用。
⑧ 具备初级水域救生员技能；个人学科实操及基本绳结；无动力操艇及翻艇自救；急流游泳及带人；个人回流区进入；横渡架设、活饵救援、双人脱困、双人夜间脱困；岸上固定点架设等。
⑨ 队员单、双人绳索横渡救援与脱困；活饵救援法；急流中夜间团队搜救与脱困；团队救生与搜救；岸上固定点架设操作。

四、高级培训

培训对象为参加中级培训并考核合格，且获得 4 星级的队员，培训要求为 10 天。其培训内容为：

① 灾害信息搜集、分析和整理。
② 组织指挥策略、程序和要求。
③ 队伍建设、协调和管理。
④ 救援理念、技术和装备的研究、开发与应用。
⑤ 团队救援技术判断、选择、指挥和运用。
⑥ 救援方案选择、分析、制定和运用。
⑦ 安全风险判断、分析和规避。
⑧ 水域救援预案编写和管理。
⑨ 具备中级队员全部技能；垂降入水救援；抛绳枪、障碍通过、活饵救援（V 型及向量）；团队固定点架设（打桩、埋桩、堆栈）；IRB 基础救援；IRB 基本驾驶及救援；IRB 故障排除；IRB 抛绳袋救援；IRB 活饵救援；舟艇夜间驾驶等技能。

五、教练级培训

培训对象为参加高级培训并考核合格，且获得 5 星级的队员，培训时间为 10 天。重点围绕以下内容开展培训：

① 具备高级水域救援队员全部技能。
② 具备 IRB 技师资格。
③ 具备第一救助教练资格。
④ 具备水域指挥官资格。
⑤ 具备院前急救师资能力。
⑥ 具有高级潜水员所有专长教练技能。
⑦ 具有 3 项以上高级潜水员专长教练技能。
⑧ 可进行大深度、车辆、沉船作业，具备带领一个水下救援队伍的能力，以及辅助教学能力。
⑨ 应在获取教练资格后参加不少于两次对中级队员的培训督导。

六、潜水员等级培训

潜水员等级培训分为预备、1～5 星级和教练级七个层级。1～2 星级为初级，3～4星级为中级，5星级为高级，教练级为单列技术级，其中初级培训不少于3个月，中级培训不少于2个月，高级培训不少于1个月，教练级不少于15天。等级培训必须从初级开始，并根据个人能力和履职情况，逐步培训更高级别技术等级。参加中级潜水员培训必须取得水域救援队员初级技术等级。教练级潜水员培训必须获得高级潜水员等级资质。具体培训要求见表3-8。

表3-8 潜水队员培训能力要求

等级	基础技能	专长技能	核心技能	作业能力	参考社会面潜水技能等级
初级	熟练掌握潜水基础24项基本技巧；体能4项（400m游泳、浮潜、浮水、水面拖带）；身体健康耳压平衡；潜水基本理论知识	干衣、全面镜、水中姿态（TR-IM）、深潜、夜潜、水下摄影	搜索与寻回、水面及水底导航、第一救助（紧急供氧、心肺复苏、AED及受伤处理）、潜水员救助能力	鉴于水下救援为一项风险极高的任务，初级救援潜水员不参与执勤备战，为救援潜水梯队后备力量	救援潜水员（rescue diver）+干衣、全面镜、深潜、夜潜、水下摄影、顶尖中性浮力（技潜）专长
中级	具备初级救援潜水员所有技能；掌握轻、重度污染区域救援潜水员救援技术；掌握轻、重度污染区域救援信绳员救援技术；100h以上开放水域10～30m潜水训练记录	高氧、进阶高氧、减压程序（45m）、狭小空间、侧挂	扇形、平行、Z字形、圆形定点等搜索方法；交通工具、物品、尸体收集方式；作业视频取证；人机协同作业；团队作业	参与常规救援打捞作业，不得从事超过自身能力范围的救援行动	救援潜水员+ERD I、II信绳员+高氧、进阶高氧、减压程序、小空间、侧挂专长（涵盖初级所有专长）
高级	具备中级救援潜水员全部技能；200h以上开放水域训练记录及50次以上救援记录（含救援团队实战演练）；救援潜水主管技能	CCR（空气、氦氮氧、进阶氦氮氧）、冰潜（依据地域特点可选）、沉船、全洞穴潜水、空气延伸（55m），以上不少于3项，其中洞穴、沉船必选	大深度、车辆、沉船作业，可带领一个水下救援队伍，具备辅助教学能力	参与极限任务，不得从事超过自身能力范围的救援行动	潜水长+CCR、洞潜、三混气体（涵盖中级所有专长）+ERD I supervisor

续表

等级	基础技能	专长技能	核心技能	作业能力	参考社会面潜水技能等级
教练级	具备高级救援潜水员全部技能；具备开放水域潜水教练资格及11项专长教练资格；第一救助教练资格；ERD I 教练资格；技术潜水教练资格及不少于3项专长教练资格；获取教练资格后培训不少于10名中级救援潜水员	中级救援潜水员所有专长教练；3项以上高级救援潜水员专长教练	除具备高级救援潜水员技能外，能够培养中级以上救援潜水员	参与教学任务；参与常规及极限任务	水肺潜水教练、技术潜水教练、ERD I 教练

（一）预备潜水员

① 基础技能。了解潜水工程基础理论、潜水医学、空气潜水法规、空气潜水等理论知识。

② 专长技能。入水动作、气瓶压力测试、自携式（SCUBA）装具的检查方法和组装、手势信号、信号绳使用。

③ 核心技能。30m、40m、50m甲板减压舱加压实训，18m氧过敏测试，氮麻醉测试，甲板减压舱的实舱操作，减压方案的制定，应急舱和递物筒的操作，潜水应用绳索实操等。

④ 作业能力。管供装具（SDDA）的认识与组装、穿戴与使用，测深管的使用，脐带缠绕解除理论学习，主供气中断应急措施理论学习，水下装具脱落的应对措施理论学习，信号中断的应急措施理论学习，测深管呼吸法理论学习，口鼻罩呼吸法理论学习，黑暗环境搜索理论学习，水下逃生理论学习，水下着装理论学习等。

⑤ 参考社会面水域救援技能等级。国际一星级潜水员证、空气潜水员证、应急救援与公共安全潜水员证。

（二）初级潜水员

① 基础技能。熟练掌握潜水基础24项基本技巧；体能4项（400m游泳、

浮潜、浮水、水面拖带）；身体健康耳压平衡；潜水基本理论知识。

② 专长技能。干衣、全面镜、水中姿态（TRIM）、深潜、夜潜、水下摄影。

③ 核心技能。搜索与寻回、水面及水底导航、安全入水、安全下潜、安全上升、水下呼吸、口鼻分腔、面罩排水、寻回呼吸器、浮力控制、口吹BC上浮、中性悬浮、共生呼吸、无面罩共生呼吸、第一救助（紧急供氧、心肺复苏、AED及受伤处理）、潜水员救助能力。

④ 作业能力。鉴于水下救援为一项风险极高的任务，初级救援潜水员不参与执勤备战，为救援潜水梯队后备力量。

⑤ 参考社会面潜水技能等级。救援潜水员（rescue diver）+干衣、全面镜、深潜、夜潜、水下摄影、顶尖中性浮力（技潜）专长。

（三）中级潜水员

① 基础技能。具备初级救援潜水员所有技能；掌握轻、重度污染区域救援潜水员救援技术；掌握轻、重度污染区域救援信绳员救援技术；100h以上开放水域10～30m潜水训练记录。

② 专长技能。高氧、进阶高氧、减压程序（45m）、狭小空间、侧挂。

③ 核心技能。扇形、平行、Z字形、圆形、定点等搜索方法；交通工具、物品、尸体收集方式；作业视频取证；人机协同作业；团队作业。

④ 作业能力。参与常规救援打捞作业，不得从事超过自身能力范围的救援行动。

⑤ 参考社会面潜水技能等级。救援潜水员+ERD Ⅰ、Ⅱ信绳员+高氧、进阶高氧、减压程序、小空间、侧挂专长（涵盖初级所有专长）。

（四）高级潜水员

① 基础技能。具备中级救援潜水员全部技能；200h以上开放水域训练记录及50次以上救援记录（含救援团队实战演练）；救援潜水主管技能。

② 专长技能。CCR（空气、氦氮氧、进阶氦氮氧）、冰潜（依据地域特点可选）、沉船、全洞穴潜水、空气延伸（55m），以上不少于3项，其中洞穴、沉船必选。

③ 核心技能。大深度、车辆、沉船作业，可带领一个水下救援队伍，具备辅助教学能力。

④ 作业能力。参与极限任务，不得从事超过自身能力范围的救援行动。

⑤ 参考社会面潜水技能等级。潜水长+CCR、洞潜、三混气体（涵盖中

级所有专长）+ERD Ⅰ supervisor。

（五）教练级潜水员

① 基础技能。具备高级救援潜水员全部技能；具备开放水域潜水教练资格及 11 项专长教练资格；第一救助教练资格；ERD Ⅰ 教练资格；技术潜水教练资格及不少于 3 项专长教练资格；获取教练资格后培训不少于 10 名中级救援潜水员。

② 专长技能。中级救援潜水员所有专长教练；3 项以上高级救援潜水员专长教练。

③ 核心技能。除具备救援潜水员技能外，能够培养中级以上救援潜水员。

④ 作业能力。参与教学任务；参与常规及极限任务。

⑤ 参考社会面潜水技能等级。水肺潜水教练、技术潜水教练、ERD Ⅰ教练、潜水监督。

第六节　素质训练

救援队员的素质训练包括体能、心理和技能等三个方面，应作为专业救援队员的终身训练内容。

一、体能训练

体能训练是提高队员身体素质的重要方法之一，是常态化开展的训练科目。包括力量、耐力、爆发力、速度和协调性训练等。训练以实际体能科目训练为主，并辅助开展游泳、潜水、涉水等野外环境综合性训练实践。

① 力量训练。要循序渐进开展，主要增加队员的四肢肌肉力量和整体协调能力。力量训练包括引体向上、深蹲起立、负重跑、提拉重物等内容。

② 耐力训练。主要进行肌肉耐力、有氧耐力、无氧耐力训练。也可同步穿插心理素质训练和毅力训练，包括中长跑、远程机动拉练等内容。

③ 爆发力训练。主要进行肌肉力量和整体反应、协调、灵活性速度训练，包括短跑、弹跳、快速转身等内容。

④ 灵活性训练。主要训练快速反应、动作协调和准确性，提高大脑神经

反应的灵活性，包括转身跑、折返跑、交叉跑等内容。

二、心理训练

① 受压能力训练。水域救援的工作环境通常是急流、洪水、江河等复杂性危险场所，同时会经常性接触流血、重伤甚至是死亡人员，极易给救援队员造成精神紧张和严重的心理压力。所以，开展心理能力训练能够有效消除队员的紧张心理，克服恐惧情绪。

② 意志力训练。训练队员克服江河、湖泊、急流等复杂环境的心理影响，提升抵抗心理疲劳和增强抗外界干扰的能力，锻炼和培养连续作战的意志和顽强战斗的品质。

③ 避险能力训练。训练队员在复杂环境下识别危险、规避风险和自我防护意识能力，锻炼临危不惧、沉着冷静应对各种危险和风险的能力。

三、技能训练

① 个人基础技术训练。包括个人保护装备穿戴组装、舟艇等装备介绍与训练，多种游泳技术训练等。

② 组织指挥训练。包括救援处置程序、救援现场风险评估、救援安全守则、训练标准、指导原则和组织指挥技能等。

③ 类型救援技术训练。包括静水救援、急流救援、舟艇救援、潜水救援、绳索救援和空中救援等救援类型技术训练。

④ 技战术运用训练。复杂环境水域救援安全原理，各种环境救援计划、规划及拟定，指挥系统介绍及运作，救援小组分工及操作技巧，救援案例实操，救援案例复盘和模拟推演等。

第七节　分级管理

队伍建设应遵循专业化、标准化和规范化的理念，在充分考虑各地实际情况和建设需求不同的基础上，按照从无到有、先有后强、先建后专的原则，实行队伍、队员等级标准管理制度。等级管理有利于队伍的正规化、专业化建设，不同等级的救援队伍，其人员、装备、能力和职能均不相同，不同等级的队员，其训练、能力和职务要求均不相同。

一、队员遴选条件

① 年满 18 岁公民。

② 政治信仰坚定，热爱党和国家，遵纪守法，无任何犯罪记录。

③ 具备高中以上文化程度，具备基本计算机操作能力。

④ 身体健康，无传染性疾病，无心脏病、胸痛、高血压或低血压、癫痫、黑蒙、眩晕、眼花、平衡困难、肢体功能受损、酗酒或吸毒、精神疾病、肥胖、糖尿病等。

⑤ 体重、身高、耐力、速度等基础体能测试合格。

⑥ 掌握基础游泳技能，满足 6min 完成 200m 游泳基础能力标准。

二、队员等级评定

队员专业等级评定，有利于救援队伍对队员的连续性、针对性培养和管理，使队员的技术能力与队伍整体能力相匹配适应，从而确保队伍长期稳定发展。

1. 队员专业等级类型

专业等级按照从低到高顺序分为 1 星级（S1）、2 星级（S2）、3 星级（S3）、4 星级（S4）、5 星级（S5）和教练级（JG），其中 1、2 星级为初级，3、4 星级为中级，5 星级为高级，JG 级作为单独技术能力级，应进行专项培训和考核。

2. 队员专业等级要求

S1 星级要求：参与相关水域救援技术入队培训，考核合格后成为正式队员；满 3 个月试用期，并经试用考核合格；在本单位持续参与水域技术训练或从事救援相关工作满 500h。

S2 星级要求：取得 1 星级队员资质，参加初级技术培训，并取得初级资质认证，在本单位持续参与水域技术训练或从事救援相关工作满 1000h。

S3 星级要求：取得 2 星级队员资质，参加中级技术培训，取得中级资质认证，在本单位持续参与水域技术训练或从事救援相关工作满 2000h。

S4 星级要求：取得 3 星级队员资质，参加中级技术培训，取得中级资质认证，在本单位持续参与水域技术训练或从事救援相关工作满 3000h。

S5 星级要求：取得 4 星级队员资质，参加高级技术培训，取得高级资质认证；在本单位持续参与水域技术训练或从事救援相关工作满 5000h。

JG 教练级要求：取得 5 星级队员资质，具备高级水域救援队员全部技能，取得 IRB 技师、第一救助教练、水域指挥官、院前急救等资格，获取教练资格后参与或独立负责不少于两次中级救援队员培训，具备中级潜水员所有专长教练技能和 3 项以上高级潜水员专长教练技能，具备大深度、车辆、沉船作业技能，能够带领一个水下救援队伍，同时具备辅助教学能力。

训练时间包括理论学习、技术训练、实景演练、技术培训、比武竞赛和实战救援等，训练时间以实际执行小时计算，其中参加培训按每天 6h 计算，参加比赛按每天 10h 计算，参加救援按每天 24h 计算。

三、队员等级能力

① 初级（S1、S2）。通常为辅助和后备队员，具备基础装备认知、操作和使用能力，熟练掌握水域救援常识、处置程序、安全守则、训练标准和指导原则等基础知识。掌握两种以上游泳技能，掌握静水、急流、舟艇、绳索等救援技术和技能。在救援行动中担任基础操作岗位人员，能够辅助 S3、S4 级执行水域救援任务。作为救援行动支持力量，可在救援现场作为中级队员的备勤人员，负责建立现场器材装备集结点，前置通信基站、中枢站，处置重大事故时作为候补或前置力量协同作战。

② 中级（S3、S4）。救援行动过程的具体实施者，通常为行动的前置人员和核心操作人员，可担任舟艇驾驶、水面救援、涉水救援等专业岗位。掌握初中级资质的所有技术，具备救援现场安全评估、风险判断、救援方案制定和规划、舟艇熟练驾驶、静水环境救援、急流环境救援、水域绳索系统救援、空中救援等技术和能力。

③ 高级（S5）。通常为组织指挥人员。掌握初、中、高级资质的所有技术，具备水域救援中、高阶段个人和团队救援技术运用能力，灵活运用各种器材装备，有效开展环境评估、风险识别与管理，正确制定行动方案，拟定现场作业程序和方法，指挥现场布局分工，建立有效的团队沟通系统，指挥救援队完成救援任务，具备空地救援协同指挥、复杂地形救援指挥能力。作为救援行动指挥员，组织指挥贯穿整个行动过程，对行动过程负全责，具有决断权和对高危行动的终止权。

④ 教练级（JG）。具备高级水域救援队员全部技能，取得 IRB 技师、第一救助教练、水域指挥官、院前急救等资格，具备中级潜水员所有专长教练和 3 项以上高级潜水员专长教练技能，具备大深度、车辆、沉船作业技能，能够带领一个水下救援队伍，具备辅助教学能力，同时，应在获取教练资格

后参加不少于两次对中级队员的培训督导。

四、岗位资质要求

水域救援队作为救援行动核心力量，按照救援行动分工需要及实战经验总结，通常设置指挥官、救援人员、舟艇驾驶员、潜水队员、安全官（员）、通信人员、医疗人员、辅助人员等具体岗位。

① 指挥官（安全官）。必须取得高级培训技术资质，同时取得 S5 等级岗位资质。对整个救援行动过程负总责，具备组织动员、行动指挥、及时撤离等基础能力，能够制定行动计划，下达和部署具体任务，并对行动过程安全进行督导。

② 救援人员。必须取得中级培训技术资质，同时取得岗位 S3～S4 及以上等级岗位资质。主要承担静水、急流、舟艇等救援任务，直接接受指挥员指挥和调派，在行动过程中绝对服从命令，具有救援方法和技术的选择和决定权。

③ 辅助人员。必须取得初级培训技术资质，同时取得岗位 S1～S2 及以上等级岗位资质，以及具备相应急救等级能力。在行动中可作为侦察人员，是前置侦察、伤员接触、第一信息反馈人员，在行动中服从指挥员管理，具有伤员第一时间处置权。

④ 医疗人员。必须取得初级培训技术资质，取得岗位 S2～S3 及以上等级岗位资质，同时取得国家和医疗行业部门的培训资质证书，具备院前急救能力。在行动中负责固定伤员，全程进行陪护，稳定伤员情绪，转运过程中陪护伤员安全通过障碍。

⑤ 通信人员。必须取得初级培训技术资质，同时取得岗位 S2～S3 及以上等级岗位资质。行动中负责全队通信保障任务，搭建和维护通信线路，协同救援人员开展救援行动。

五、团队等级管理

水域救援队根据救援队员人数、装备和能力标准分为三个等级，分别为一级、二级和三级，其中一级最低，三级最高。

1. 一级救援队

通常配备 15 人，包括队长 1 人、副队长 1 人、安全官（员）1 人、救援队员 8 人（2 舟艇）、潜水队员 2 人、医疗官 1 人、通信官 1 人。具备静水、急流、舟艇、潜水、绳索等类型救援能力，承担一般性的静水搜救、舟艇救援和潜水救援，只能执行单一地域、地点救援任务。

2. 二级救援队

通常配备 30 人，包括队长 1 人、副队长 1 人、安全官（员）2 人、救援队员 16 人（4 舟艇）、潜水队员 4 人、医疗官 2 人、辅助人员 2 人、通信官 2 人。具备静水、急流、舟艇、绳索、潜水、空中等类型救援能力，能执行复合性、综合性、全地域、多地点救援任务，能同时执行 2 个救援任务。

3. 三级救援队

通常配备 50 人，包括队长 1 人、副队长 1 人、安全官（员）3 人、救援队员 24 人（6 舟艇）、绳索队员 5 人、潜水队员 6 人、医疗官 3 人、辅助人员 4 人、通信官 3 人。具备一、二级救援队全部技术能力，具备水面、水下、空中等救援能力，主要承担复杂水域环境、水下环境等的救援任务，能同时执行 3 个以上任务。

第八节　人员考核

队员考核按照实战需要什么就训练什么，实际训练什么就考核什么，怎么训就怎么考的总原则，坚持教战一体、训战一致、教研结合的理念，统一实施队员技术能力资质考核，确保各级别队员能够高质量熟练掌握和运用专业技术，达到全员持证上岗或作业的标准要求。

一、S1 星级队员考核内容

① 水域救援器材熟练掌握和正确穿戴。
② 水域救援处置程序、基本常识、安全守则、技术标准、指导原则、安全防护等基础知识。
③ 水域救援河流知识、航道常识、救援危险性、医疗常识、装备配置、组织指挥、岗位职责等基础知识。
④ 多种游泳技术和静水救援基础技术。
⑤ 医疗常识和医疗急救处理技术。

二、S2 星级队员考核内容

① S1 星级队员的基础知识内容。

② 舟艇驾驶技术和翻覆环境中的自救技术。
③ 基础性急流环境救援技术和具体技术掌握。
④ 岸际救援、舟艇救援、涉水救援和入水救援技术。
⑤ 医疗急救处置与医疗包配置。

三、S3 星级队员考核内容

① S2 星级队员的基础知识内容。
② 急流环境救援技术和具体技术熟练运用。
③ 舟艇救援技术和舟艇故障排除技术。
④ 绳索救援技术掌握和熟练运用。
⑤ 医疗急救处置与医疗包配置。

四、S4 星级队员考核内容

① S3 星级队员的基础知识内容。
② 洪水、急流、峡谷等复杂环境中舟艇驾驶技术。
③ 复杂环境中的岸际、涉水和入水救援技术。
④ 多个救援小组和舟艇编组的组织指挥能力。
⑤ 片区和区域救援组织指挥和判断决策能力。

五、S5 星级队员考核内容

① 全局性、系统性指挥。
② 无预案演练组织和评估。
③ 行动方案选择、判断和制定。
④ 救援预案编写和制定。
⑤ 安全风险辨别、识别、分析和规避。

六、JG 级队员考核内容

① S1～S5 星级队员的知识内容和救援技术。
② 小组或团队的专业技术教学。
③ 教学教案的编写、制定和分析。
④ 专业技术的创新和研究革新。
⑤ 教学组训和实地示范教学。

七、潜水队员考核内容

(一) 初级（S1～S2）潜水员

① 1～5 星级救援队员的知识内容和技术能力。
② 基本潜水技术。
③ 水上水下通信和沟通方式。
④ 基本绳索救援技术。
⑤ 装备的熟悉掌握、具体应用、维护保养。

(二) 中级（S3～S4）潜水员

① 1～5 星级救援队员的知识内容和技术能力。
② 初级潜水员基础知识和潜水技术。
③ 潜水意外救援和自救技术。
④ 特殊环境潜水技术。
⑤ 特殊装备的熟悉掌握、具体应用、维护保养。

(三) 高级（S5）潜水员

① 1～5 星级救援队员的知识内容和技术能力。
② 中级潜水员基础知识和潜水技术。
③ 潜水搜索技术和救援的处置程序。
④ 团队潜水技术和协同配合。
⑤ 特殊装备的熟悉掌握、具体应用、维护保养。

(四) JG 级潜水员

① 1～5 星级队员的知识内容和救援技术。
② 初中高级潜水员专业技术、技能。
③ 小组或团队的专业技术教学。
④ 教学教案的编写、制定和分析。
⑤ 专业技术的创新和研究革新。
⑥ 教学组训和实地示范教学。

CHAPTER 4

第四章
装备配置与管理

水域救援是被救者在洪水、泥石流、内涝和台风等灾害复杂环境中溺水、受伤和受困时，救援人员利用舟艇、绳索等救援装备，按照一定的规则，合理采用技术展开营救的综合性救援行动过程，是一项环境复杂性强、技术要求能力高、危及人员生命安全的高风险救援项目，是集侦察、搜索、营救、医疗和保障等为一体的综合性复杂工程。

水域救援行动除了要有训练有素、经验丰富、技术过硬的救援队员外，还必须科学配置适合在各种复杂环境下开展救援行动的防护、救生、医疗、救援等高效、轻便、安全可靠的装备和器材，最大限度确保在急流、洪水、内涝、水下等危险环境中，救援人员自身和被救者的安全。

第一节　水域救援装备配置

一、水域救援装备配置原则

水域救援装备配置要坚持体系化、规范化、标准化原则，在保证满足绝对安全需要的前提下，还应满足以下基本要求。

① 体积小、材质轻、强度大、效率高，易于集成化、模块化和轻量化，便于个人穿戴和携带。
② 结构简单、操作方便、安全高效，便于维护保养。
③ 符合人体工程学和满足区域、地域灾害事故特点需要。
④ 满足环保、经济要求，避免对环境、人员造成次生危害。
⑤ 满足多功能、高效率、可靠性，以及节能和安全要求。
⑥ 具有可靠的安全防护性能，防止对救援人员和被救者造成伤害。
⑦ 具有良好的兼容性、适用性和安全性。
⑧ 个人防护装备必须合理有效，适应复杂环境救援的安全防护标准。
⑨ 应具备完整有效的生产合格证、使用说明书和检测证明资料。
⑩ 包装完整、数据标识清晰，满足集中存储、便捷运输和安全操作要求。

二、水域救援装备分类

按照水域救援装备的功能和用途，可将装备分为个人装备和公共装备两大类。个人装备包括干湿防护服、水域头盔、手套、防护鞋、防水照明灯、定位灯、安全腰带、急流救生衣、水域救援刀、水囊、医疗包、自脱扣安全带、抛绳包、挽索等。公共装备包括舟艇和潜水、破拆、照明、通信、警戒等类型救援装备，以及与医疗、技术、通信、后勤和管理等相关的综合类装备。

① 个人装备：指配给队员个人专项使用和保管的防护装备、救生衣及其水域技术附属器材和装备，如水域防护服、头盔、抛绳包等。

② 公共装备：指除个人装备以外，在水域救援过程中，由团队共同使用的舟艇、水下破拆工具、水域绳索、潜水装具、水下照明灯等共用器材和装备，包括救援、医疗、技术、通信、后勤和管理等类型。公共装备通常由指定人员专门管理，团队人员共同使用和维护保养。

A．救援装备：指救援人员在救援行动中用于破拆、运输、照明、潜水等的专业工具和设备，如水下破拆工具、水下照明灯、潜水装具、水面漂浮担架、水下声呐等。

B．医疗装备：由医护人员使用，对被救者和救援人员进行医疗紧急处置和转移所需要的器材和药品，如包扎、固定、止血等的器材，以及除颤仪、监控器等专业医疗设备。

C．技术装备：在水域救援过程中，用于侦查、标定、记录、检测、测距、测电、测深、测速、夜视、望远等辅助救援作业的电子仪器设备。

D．通信装备：包括保障救援人员之间、现场与后方之间、救援队之间通信所需声音、数字、图像的传输、联络设备，如对讲机、无线电台、卫星电话、便携基站、单兵图传、短波电台等。

E．后勤装备：在救援行动中，用于保障救援人员生活、休息、饮食、住行等的帐篷、车辆、发电机、炊事灶等器材和设备。

F．管理装备：在救援行动中，用于支撑信息搜集、环境危险性评估和安全监督管理的设备和器材，如照相机、摄像机、测量工具、计算机等。

三、水域救援装备配置要求

（1）装备使用评估要求

在每次作业、训练之前，都应做一次装备评估，以确保能选取最合适的装备。评估时要特别注意是否存在错误选择和使用装备的可能性，以及因此带来的后果，并要注意借鉴参考已知的同类型事故案例。水域救援装备的选取和使用必须按照规定的特定用途执行，装备的选取与购买应当由了解装备技术规格的人员来实施。如果装备用于其他目的，则应当事先取得制造商的确认，该项用途是否可接受，应当注意哪些事项。

(2) 装备适用法律要求

装备的选取应当符合所在国家的法律要求，有时候国家与国家之间、地区与地区之间的要求各不一样。

(3) 装备选用标准要求

① 一般来说，装备的选取应符合国家或国际标准，所选取的标准必须与装备的指定用途一致。

② 多年以来，水域救援装备的标准并不能覆盖所有水域装备，但在选取装备时还应尽可能地选用被标准覆盖的器材装备。

③ 符合标准对于装备选取来说非常重要，但这并不是决定选取标准的唯一因素。

④ 如果有对某个特定标准是否与指定用途相关的任何疑问，可从装备制造商或其授权代表处获得技术支持。

(4) 装备使用限制与兼容性

① 装备使用的限制性，指具有特定功能的装备只能用于特定条件，不能用于其他非特定功能。如在作业中各种类型的潜水设备和救生衣，必须要按照潜水设备和救生衣的性能和技术标准使用，不得随意使用其他装备代替，或随意用于其他不适应的救援环境。

② 装备购买时，应当确保任何系统的组件都能兼容，且任何一个组件的安全功能不会干扰另一个组件的安全功能。

③ 要根据制造商提供的信息来配置和使用装备。

④ 如果某一个装备的部件符合某一个特定标准，并不意味着此装备就一定适合使用。

⑤ 装备选用时，需要考虑有足够的安全系数来确保使用者和被救者的人身安全。

⑥ 在选取特定用途的装备时，应当考虑到弱化因素和薄弱环节，例如舟艇、防护服在高温高湿环境存放和低温环境中使用时橡胶强度的损失问题，以及潜水设备在复杂水域中的防割、磨损等问题。

⑦ 装备在实际使用过程中，应当注意天气、温度等自然条件对装备性能和功能的影响，水域救援人员要核实制造商提供的信息，以确定可允许的操作使用环境条件。例如，在极冷条件下，某些金属类装备、橡胶类防护服装

和绳索类器材的强度也会受影响。

四、水域救援装备配置参考

① 个人装备。水域救援个人装备的选配和组合没有固定统一的标准要求，装备的选择、组合和搭配，通常要根据不同的作业类型、实际工作要求或个人习惯而有所区别，不同团队或团队中每名作业人员使用、选配和组合的个人装备通常会存在差异，如图 4-1 和图 4-2 所示。

图 4-1　常见水域单兵装备穿戴标准

图 4-2　常见水域潜水单兵装备穿戴标准

② 个人装备配备参考，如表 4-1 所示。此表的装备配置仅供参考，不作为唯一依据。

表 4-1　个人装备配备参考表

序号	名称	参考品牌	参考型号	参考图例	数量
1	水域救援头盔	敏飞驰	MHD-101	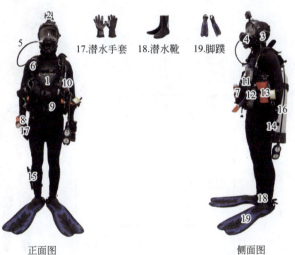	1

续表

序号	名称	参考品牌	参考型号	参考图例	数量
2	湿式分体水域救援服	敏飞驰	MBD-302		1
3	水母服（莱卡衣）	敏飞驰	MBD-401		1
4	干式水域救援服	敏飞驰	MBD-201		1
5	急流救生衣	敏飞驰	MBD-120		1
6	水域救援靴	敏飞驰	MFT-110		1

第四章　装备配置与管理

续表

序号	名称	参考品牌	参考型号	参考图例	数量
7	抛绳包	敏飞驰	MRB-20		1
8	水域救援手套	敏飞驰	MHA-110	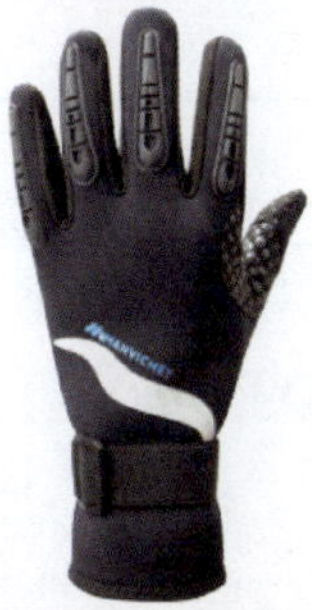	1
9	水域救援刀	敏飞驰			1
10	高音哨	FOX40	CLASSIC CMG		1
11	方位灯	LONAKO	LNK-SL5		1

续表

序号	名称	参考品牌	参考型号	参考图例	数量
12	佩戴式防水照明灯	神火	S5-R5		1
13	个人饮用水袋	SEAPLAY	TPU-1L		1
14	个人装备袋	敏飞驰	MEB-120		1
15	PDT 对讲机	摩托罗拉	XiRP8668i		1

③ 公共装备配备参考，如表 4-2 所示。此表的装备配置仅供参考，不作为唯一依据。

表 4-2 公共装备配备参考表

序号	名称	参考品牌	参考型号	参考图例
1	浮力背心	SEAC	CLUB	
2	调节器一二级头	SEAC	P-SYNCHRO DIN/INT	
3	备用二级头	SEAC	OCTO SYNCHRO	
4	三联表	SEAC	CONSOLLE 3	
5	电脑表	MARES	Genuis	

续表

序号	名称	参考品牌	参考型号	参考图例
6	半面罩	SEAC	IITALICA ASIAN FIT	
7	呼吸管	SEAC	VORTEX DRY	
8	脚蹼	SCUBA PRO	JET FIN	
9	湿式潜水服	SEAC	PRIVILEGE FLEX 5mm	
10	干式潜水服	SEAC	WARM DRY PLUS DRYSUIT 4mm	

续表

序号	名称	参考品牌	参考型号	参考图例
11	潜水保暖衣	GULL	GW	
12	潜水靴	SEAC	BASIC HD 5mm	
13	潜水手套	SEAC	COMFORT 3.0	
14	潜水头套	SEAC	TEKNO 5mm DRY HOOD	
15	潜水手电	X-ADVENTURER	M2000	

续表

序号	名称	参考品牌	参考型号	参考图例
16	潜水刀 钛合金款	QMD	DK-002	
17	配重带钢扣	SEAC	NYLON	
18	彩色铅块	QMD	QMD-LW10	
19	侧挂套件	VCEAN		
20	单头扣	兴方圆		
21	双头扣	keep ahead/星驰		

续表

序号	名称	参考品牌	参考型号	参考图例
22	潜水气瓶	QMD	HW-184-12.0-20-H	
23	备用气瓶	other	3L	
24	潜水拉杆箱	QMD	QMD-DBR01	
25	全面罩水下通信系统	OTS	OTS	
26	潜水安全浮标带线轮	QMD	QMD-SR30-18015	

续表

序号	名称	参考品牌	参考型号	参考图例
27	定位浮标	宏利	圆形、三角形、锥形浮标	
28	KMB-28型头盔	Kirby Morgan	KMB-28	
29	三人潜水配气盘	AMRON	8330IC	
30	50m潜水轻型脐带	UI	UDA0103	
31	50L碳纤维高压气瓶	天海	TH-50-35MPa	
32	应急减压器	SEAC	P-SYNCHRO DIN/INT	

续表

序号	名称	参考品牌	参考型号	参考图例
33	全身安全带	HOPETEK	HT-SFBS	
34	科尔奇充填泵	COLTRI SUB	MCH13/SMART 235L	
35	2t 降落伞式浮力打捞袋（开口式）	DOOWIN	XFOBP-2T	
36	饮水袋	奥尼捷	1.5L	
37	指南针	DECATHLON	2020	

续表

序号	名称	参考品牌	参考型号	参考图例
38	防水装备袋	Acecamp	AP062460	
39	全功能无人机	大疆	M600PRO	
40	摩托艇	雅马哈	Gp1800R	
41	水上水下救援飞艇	H9	RESCUE	
42	水下推进器	白鲨	SUBLE	
43	救援拉杆	威固	多功能伸缩杆	

续表

序号	名称	参考品牌	参考型号	参考图例
44	水陆两栖液压破拆工具组套装	斯瑞格	SRG-JK08	
45	抛投器	神手	PTQ8.0-Y300S2	
46	抛投式自动充气救生圈	Ultrawit	U-stick kit	
47	水域拦截网	惠利	Y-LJW	
48	水面漂浮救生板	赛瑞达	漂浮折叠担架	
49	充气式救援气桥	雄达	齐全	

续表

序号	名称	参考品牌	参考型号	参考图例
50	救生滚钩	赛瑞达	可拆卸式救生滚钩	
51	水域反光漂浮绳	力胜	50m	
52	水域反光漂浮绳	力胜	100m	
53	水域反光漂浮绳	力胜	200m	
54	200m 静力绳	坎普	11mm	
55	100m 静力绳	坎普	11mm	

续表

序号	名称	参考品牌	参考型号	参考图例
56	50m 静力绳	坎普	11mm	
57	100m 动力绳	坎普	11mm	
58	30m 抛绳包	汇能	30m	
59	水域救援牛尾绳	水趣	85	
60	水下摄像机	GoPro	Hero10	

续表

序号	名称	参考品牌	参考型号	参考图例
61	夜视仪	美国爱普瑞	29-0550A	
62	激光测距仪望远镜	蔡司	T* RF 8X54	
63	电子气象仪	Kestrel	K5500	
64	水域救援横渡系统套装	攀索		
65	I类消防安全吊带（半身安全吊带）	攀索	C085	
66	快速部署充气式机动救援艇（3.9m）	寰易	HIRB-390KS	

第四章 装备配置与管理

续表

序号	名称	参考品牌	参考型号	参考图例
67	舷外机	SAIL	T30S	
68	快速部署充气式机动救援艇（4.3m）	寰易	HIRB-430KS	
69	舷外机	SAIL	T40S	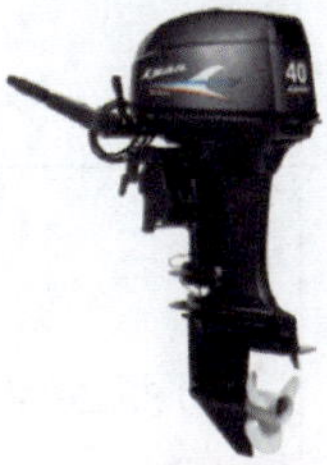
70	油箱	汛辰	24L	
71	医疗急救箱	迈康时代	MC-0603-ZH02	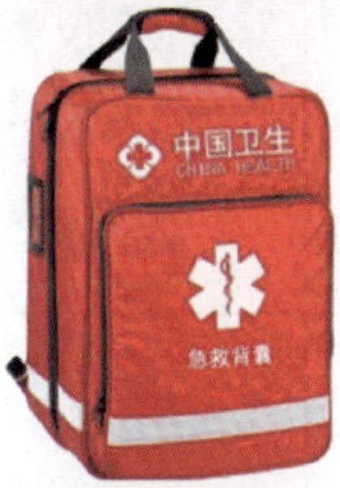
72	体外除颤器	上海象鼎	ET/AED98D	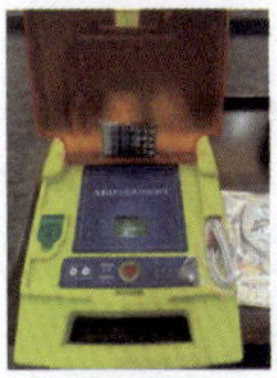

续表

序号	名称	参考品牌	参考型号	参考图例
73	侧扫声呐	海星	StarFish 990F	
74	水下机器人	新宏新	ROV8T-AJ	
75	水深测量仪	雄达	水深探测仪	
76	水陆安全漏电检测仪	九航	水陆定位漏电探测仪	检测仪正面
77	防水强光照明灯	颍上卓越	A11	

第四章　装备配置与管理

续表

序号	名称	参考品牌	参考型号	参考图例
78	扩音器	雷力	大功率手持扩音器	
79	雨衣	赣州华海	190	
80	伸缩梯	耐稳	TQL385-W	
81	装备运输车	东莞奥林宝	QC140	
82	水陆两栖消防车	北汽	勇士	

第二节 水域救援装备管理

一、装备管理要求

（一）橡胶类装备

① 检查橡皮艇、防护服、潜水服等装备的表面，寻找切割、磨损、破裂及接触化学品的痕迹。
② 用手触摸并逐处检查，感觉有无异常的开裂或破损现象。
③ 检查装备橡胶部分是否脱胶、开裂、变形和磨损。
④ 检查橡胶类装备外观是否鼓包、裂纹。
⑤ 尝试用鼻嗅装备外部，检查有无酸味、异味。
⑥ 避免摩擦、锋利物体刮碰橡胶类器材。
⑦ 避免装备在高温环境中使用和操作。
⑧ 存放于干燥、清凉和通风的地方。
⑨ 避免接触酸性或腐蚀性物质。
⑩ 使用清水清洗，也可使用中性清洁剂清洗，并置于阴凉的地方自然吹干。
⑪ 存放过程中禁止折叠，长期存放应在其表面涂抹滑石粉保护。

（二）金属类器材

① 金属类器材具体的使用期限通常不明确。
② 检查有无裂纹，深度超过 1mm 的刮伤、腐蚀痕迹及变形现象。
③ 检查金属栓、闸门、锁件及一切活动部件的状况。
④ 检查绳索装备制停功能是否正常。
⑤ 检查所有会产生摩擦的部分，观察其磨损程度。
⑥ 使用清水清洗，自然晾干。
⑦ 承重等受力类装备在承受强大的冲击或坠落后立即报废。

（三）机械类器材

① 存放在干燥、通风和清洁的环境。
② 定期检查油水电气，确保完整好用。

③ 定期更换机油、滤芯等日常消耗性配件。

④ 长期存放要放空燃油，并清空供油管道和化油器等部件中的燃油，防止沉淀堵塞。

（四）电子类器材

① 存放在干燥、通风、阴凉和清洁的环境。

② 定期检查电量情况，经常开机运行，并循环充放电。

③ 注意传感器、检测探头等部件的有效期限，确保定期检查和更换。

④ 定期对仪器进行标定检查，防止检测数据结果偏差。

⑤ 严格按照操作程序和规程维护保养器材，防止损坏。

（五）编织类装备

① 目测绳索或扁带的表面，寻找切割、磨损、热熔及接触化学品的痕迹。

② 用手触摸，感觉有无异常的硬化或软化现象。

③ 检查缝线部分是否断线、变形及磨损。

④ 检查外观是否变色、褪色。

⑤ 避免摩擦、踩踏编织类器材。

⑥ 避免在高温环境使用和操作。

⑦ 存放于干燥、清凉和阴暗的地方。

⑧ 避免接触酸性或腐蚀性物质。

⑨ 用低于40℃的水清洗，也可使用中性清洁剂或专用洗绳剂清洗，并置于阴凉的地方自然吹干。

⑩ 承受强大的冲击或坠落后立即报废。

水域救援装备专项管理与检查记录见表4-3。

表4-3 水域救援装备专项管理与检查记录

照片	产品名称			
	型号代码			
	产品参数			
生产时间		购买时间		首次使用时间	
当出现以下情况，应立即停止使用				

续表

性能检测		完好	留意	维修	淘汰
结构组件检查					
操作性能检查					
检测评估					
检测结论：	□该装备可继续使用			□该装备不适合继续使用	
本次检测日期：			下次检测日期：		
检测人：			复核人：		

二、装备检测校准

装备器材的检测、校准是装备管理的一项重要工作内容，检验、校准的目的和意义在于保证装备器材的技术性能达到或优于出厂技术指标，保证救援装备无任何安全隐患。

（一）检测、校准的基本原则

① 救援装备应送经国家有关部门认证的检测部门进行检测或校准。

② 检测方法、检测内容和周期应符合相关标准或生产厂商使用说明书要求。

③ 检测、校准所用工具的测值符合国家检测计量标准要求。

④ 检测时应向检测单位提供装备使用情况记录和需要检测的内容要求。

⑤ 检测部门应对检测工具进行先期检测和校准。

⑥ 检测部门应对不合格的装备提出修理或报废意见。

⑦ 编织类、金属类、机械类、电子类、橡胶类装备可根据外观磨损、使用年限、使用频次、损伤等综合判断，然后再决定是否送检。

（二）装备器材检测

装备器材检测是依据装备器材出厂说明书、相关规范所规定的程序，对水域装备的外观、技术性能进行检查和测试。如橡胶的延展性、弹性，金属类装备的磨损和机械强度，防护服的缝合性能，绳索装备坠落冲击性能等。

（三）装备器材校准

装备器材校准是依据相关规范所规定的条件，对装备器材的计量器具进行校准，保证救援工具检测值、测试数据满足规范要求。如测距仪的距离值校准、拉力计的数值校准、气体检测仪数值标定等。

（四）装备的检验、维护与保养

1. 一般流程

① 装备制造商（销售方）须提供装备的详细说明，说明需涵盖装备的检验、保养维护信息，这是一条硬性规定。

② 使用方应当建立装备档案，档案应包括装备的基本信息以及检验记录和检验方式。

③ 水域装备的检查包含橡胶、金属、编织、机械、电子等五个种类，所有的检查工作都是确认装备是否能继续使用，包括使用前检查、详细检查以及某些情况下的临时检查。在上述检查过程中发现的任何有故障的装备都必须停止使用。

2. 使用前检查

使用前检查包括外观与触觉检验，建议在每天第一次使用前实施。必须对每天的检验做文件记录，有条件的还可以在文件记录中加入核查清单的内容。总之，持续（而不是仅仅在每天开始使用装备的时候）对装备状态进行监控是非常明智的做法。

3. 详细检查

装备的详细检查必须有正式、规范的检验流程，必须确保装备在首次使用之前由专业人员对装备进行全面检验，此后的每次检验间隔时间不得超过6个月，或者按照书面的检验计划来实施。检验必须按照制造商或专业代理商的指导来实施，详细检验的结果必须记录。

4. 临时检查

① 在恶劣条件下使用装备或发生意外安全事故后，必须做进一步检验（临时检验），这个检验就是除详细检查与常规使用前检查之外的临时检查。

此类检验必须由专业人员在适当的间隔时间内实施。临时检查的适当时间间隔可以通过以下因素来决定，即装备部件是否有高度的磨损与损耗（例如异常负荷或砂砾环境）或脏污（例如在化学气体中）。临时检查的结果也必须记录。

②实施详细检查或临时检查的人员必须有弃用装备的决定权，并且有足够的经验和资质，具备独立不失偏颇地做出客观决定的能力。这类人员可以是水域救援装备技术公司内部人员，或者是专业的供应商、制造商或者维修机构专家。

③如果对某个装备部件是否可继续使用存在任何疑问，则应当咨询专业人员或者隔离、弃用该装备。

④编织类装备承受较高冲击力后，例如高处坠落或有重物掉落在装备上面，应当立即停止使用，并从使用现场撤离。

⑤建议使用者不要随意对水域行进装备（这里指任何个人防坠装备）进行负荷测试和论证。

5. 装备的消毒

装备的消毒很有必要，例如在下水道、城市内涝、污染水域救援后，必须对装备进行消毒。一般情况下按照之前所描述的清洁方式操作就足够了。在选用消毒剂时一般要考虑两种因素，即减少疾病的有效性，以及（经过一次或多次消毒后）是否会对装备产生副作用。消毒完后，必须在干净的冷水中全面冲洗，然后在无直接热源的房间内自然风干。

6. 暴露在特殊环境下的装备

如果是在海上环境使用，则装备必须在干净的冷水中长时间浸泡，然后在无直接热源的温室内自然风干，并在入库储存前检验。

7. 装备的存储

装备在经过了必要的清洗与干燥后，要存放在凉快、干爽、光线较弱、化学中性的环境，远离热源、高湿度环境、尖利边缘、腐蚀性物质、啮齿动物、蚂蚁（分泌蚁酸的蚂蚁）或其他可能导致装备损坏的因素。装备更不得在潮湿状态下储存，防止真菌感染或腐蚀。

8. 报废装备的处理

必须建立装备报废前的隔离流程，以确保出现故障或疑似故障装备立即停止使用。在未经检验并取得专业人员的确认之前，不得再次使用。装备在检验中发现故障，或者明显损坏，则该装备必须停止使用，等候进一步检验或维修。装备应当做好不适合使用标记，如果无法维修，则必须销毁，以确保不会被再次使用,并立即更新记录。

9. 使用寿命

① 如果不做损毁测试,一般很难了解装备的退化程度(尤其是人造纤维和橡胶类装备)。因此,建议设定一个装备最大使用期限,超出此期限后的装备不得再使用,这个期限也就是使用寿命。在决定使用寿命时,应当参考装备制造商提供的信息,同时要保存装备的使用记录(完整记录了装备的使用状态),这对判断设定装备的使用寿命期限非常有帮助。

② 某些装备的制造商在装备出厂时给出了装备的使用寿命(淘汰日期)。已达到规定使用期限的装备应当停止使用,并且立即更新记录。

10. 装备的改动

没有获得制造商或供应商的事先书面同意,装备不得进行改动,因为装备性能可能由此而受到影响。

第三节　常用个人水域装备

水上救援是一项高风险、高危险、高难度的专业救援技术,除了要求水域救援队员必须掌握相应的专业技术外,还要科学配备安全、合格、有效,并且通过国家相关部门认证的个人救援装备,这是水域救援人员在救援过程中保障自身安全的关键。按照要求配备装备和做好防护可以有效降低水域救援的风险等级,能够最大程度确保救援人员自身安全。

一、常用个人水域装备

水域救援具有风险突发性、危险不可预测性,以及救援时间长、救援难度大、救援涉及面广等特点,在救援过程中,救援人员不但要面临溺水、淹亡、坠落、污染等一般的风险,还要面临身体失温、水中障碍物撞击、水流改变导致失控、复杂水域危险区域变化等突发情况。因此,在水域救援行动中,除了不断加强专业理论学习和技术训练,熟练掌握专业救援技术和方法,还必须科学合理配置防护装备与救援器材,最大程度确保救援人员和被救者的安全。如表 4-4 所示。

配置水域救援装备要坚持合格、适用、经济、有效和安全的基本原则。个人水域救援装备主要指具备防护和保护性能的相关防护性装备及其附件,简称个人 PPE。主要包括水域救援头盔、水域救援服、水域救援手套、水域救援鞋、急流专用救生衣、水域救援刀、高音哨、抛绳包、照明灯、方位灯、保暖内衣等专用防护装具。

表 4-4　水域救援个人装备功能表

序号	装备名称	主要用途
1	水域救援头盔	对救援人员的头部及颈部防护
2	水域救援服	对救援人员的身体防护
3	水域救援手套	对救援人员的手部防护
4	水域救援鞋	对救援人员的小腿部及足部防护
5	水域救援专用救生衣	简称浮力背心,具有快脱功能
6	防水照明灯	水域作业水上、水下照明
7	高音哨	哨声报警和指挥
8	防水方位灯	在黑暗环境中的位置标识
9	水域救援刀	快速切割绳索或割除障碍物
10	防寒保护内衣	寒冷环境作业时身体保温
11	水面漂浮救生绳	水面救援牵引和保护
12	个人抛绳包	装载抛投绳抛投救援
13	救生浮标	辅助救援
14	救生桨板	辅助救援
15	安全吊带	绳索救援安全保护
16	绳索救援装备	绳索救援专用装备
17	潜水装具	水下救援作业专业防护

二、个人水域装备配备基本要求

① 辅助救援队员装备配置：辅助救援队员主要包括岸上或涉水协作救援人员,通常情况下不直接参与下水救援,其防护应满足最低的装备要求,包括头盔、速干救援服、专用急流救生衣（PFD）、救援鞋、抛绳包（袋）等。

② 静水水域救援队员装备配置：主要指需要下水游泳和使用器械辅助

救援的队员,其防护应满足最低的装备要求,包括头盔、专用急流救生衣(PFD)、速干救援服、湿式救援服、手套、专用鞋、抛绳包(袋)等。

③ 专业水域救援队员装备配置:主要指负责急流和海滩水域救援的队员,在救援过程中,需要应对不同水情和突发情况的涉水、潜水救援,如洪水、泥石流、台风、急流,以及寒冷水域等涉水环境,需要采用游泳、使用救生舟艇和绳索专业技术的救援行动,应满足最低的装备要求,包括头盔、专用急流救生衣(PFD)、湿式救援服、潜水(防寒)服、手套、专用鞋、抛绳袋、专用安全带等。

三、不同岗位水域救援人员装备标准要求

1. 辅助救援人员(不下水或只是涉浅水情况)

① 头盔:全包护耳、多孔透水、能浮水、舒适、防撞击效果好。

② 抛绳包:15~30m,浮水绳,拉力3kN以上。

③ 防护鞋:水域救援鞋,透气、防割、防滑、防穿刺。

④ 救生衣:120N以上,至少可供1个75kg成年人漂浮。

⑤ 速干救援服:消防专用速干水域抢险服,透气、速干、轻便。

2. 静水救援人员(包括一般性河流、湖泊和水库等静态水域救援)

① 头盔:全包护耳、多孔透水、能浮水、舒适、防撞击效果好。

② 手持式或腰挂式抛绳包:15~30m,浮水绳,拉力3kN以上。

③ 防护鞋:专用救援鞋,高帮、防割、防滑、防穿刺,便于涉水或游泳。

④ 救生衣:120N以上,至少可供1个75kg成年人漂浮。

⑤ 手套:防滑、防割手套,关节位置带防撞保护。

⑥ 湿式救援服:1.5mm以上,防割、保暖、透气,氯丁橡胶材质。

3. 专业救援人员(包括急流、潜水、寒冷等特殊水域救援的专业救援队员)

① 头盔:能浮水,舒适,透水效果好,全包护耳,能保护前额部、后颈部和脸部。

② 腰挂式抛绳包:15~30m,浮水绳,拉力3kN以上,带快挂钩。

③ 专用防护鞋:高帮专用水域救援鞋,防割、防滑、防穿刺、透水,便于涉水或游泳。

④ 急流救生衣:150N以上,具备快速释放安全带功能,佩带救援刀具、

定位灯、水囊和高音哨。

⑤防护手套：专业水域救援手套，防滑、防割、防水和保温，可以戴着游泳和长时间在水中工作。

⑥湿式潜水服：1.5mm以上，防割、保暖、透气。

⑦干式防寒服：寒冷水域作业、潜水作业或污染水域作业。

⑧割绳刀：带防丢绳，具备快割、破穿、安全钩等功能，折叠式和直刀式，并具备防误伤自己和他人功能。

⑨高音哨：救援人员紧急通信或指挥使用。

⑩动力艇：V或W型，带加厚装甲，一体充气船底，3.8m以上充气式橡皮艇，配备18～30马力的船外机。

⑪其他装备：夜间照明灯、水中信号指示灯、水下通信设备等备选装备。

四、常用个人水域救援装备介绍

水域救援个人防护装备主要包括水域救援专用头盔、湿式水域救援服、高帮专用救援鞋、急流救生衣、抛绳包、方位灯、割绳刀、水域防护手套、照明灯具、高音哨等标准防护装具，必要时还应配备干式救援服、潜水装具、水下通信装备等。

1. 水域救援头盔

水域救援头盔是在消防抢险救援头盔的基础上改进的水域专用防护专业头盔，主要用于保护救援人员头部，防止水域救援中高空坠物对头部撞击，以及头部撞到礁石、杂物，避免对头部碰撞造成致命伤。头盔分为半盔、全盔两种类型。头盔头顶和两侧设计漏水孔，确保快速排水和避免急流冲击形成障碍物；内部设置高弹性PE防护棉，具备缓冲功能；下颌设置可调节松紧带，确保穿戴舒适性；两侧设置导轨，可挂载照明、摄像、定位等其他辅助装备。如图4-3所示。

图4-3 水域救援半盔和全盔

2. 水域救援服

水域救援服分为速干救援服、湿式救援服和干式救援服等几种类型。速干救援服是消防救援队伍在开展水域救援时承担不下水作业队员和岸上辅助救援人员穿着的一般性标志性防护服。湿式救援服通常用于涉水救援、非深潜作业，是一种专用水域防护服。干式救援服是一种用于寒冷水域救援、污染水域救援和深度潜水作业救援的专用水域防护服，又称防寒服和潜水服。干湿式救援服中，普通型厚度为 1.5～5mm，加厚型厚度为 3～8mm。如图 4-4 和图 4-5 所示。

图 4-4　湿式救援服

图 4-5　干式救援服

① 湿式救援服：属于常用水域救援防护服，由氯丁橡胶和发泡 PE 合成材料制成，主要用于防止救援人员在水中体温过快流失，保护救援人员躯体安全；具备保暖、抗寒、浮力功能，能够有效防止紫外线和水中杂物对人体造成伤害。

② 干式救援服：属于特殊环境水域专用救援服，通常用于寒冷水域救援、污染水域救援和深度潜水救援，具备良好的密封、保暖和防护性能，可防止救援人员出现肌肉僵硬，失去救援能力，或引起感冒、发热，影响身体健康。常用于秋冬季和寒冷的水域作业，能够尽可能保持人在水中身体的干

燥和体温，提高人体抗寒能力，确保水上救援安全。

3. 冰面救援防护服

同样属于干式水域救援服范畴，专用于冰面、寒冷水域救援的个人防护装备，具有防寒、防滑、保暖功能，能够扩大与冰面的接触面积，增加浮力，防止冰面塌陷落水或被困。外层能够防水，内层可以保暖防寒，采用加厚型材质制成，厚度通常为3～8mm。如图4-6所示。

4. 水域救援手套

水域救援手套分为全指和半指两种类型，通常由针织材料、纤维与橡胶混合材料和皮质材料等制成。手套手掌处设置颗粒状凸起物或加厚橡胶物，以增加手掌部位摩擦力，确保在救援中收拉救援绳、推脱水中障碍物时，避免手指和手掌受伤。手套背部关节位置设置加厚防撞保护橡胶，防止手背和关节撞击到障碍物而受伤。手腕部位设置捆绑松紧带，能够一定程度防水和确保手套佩戴紧固，如图4-7所示。

图4-6 冰面救援防护服

5. 水域救援鞋（靴）

水域救援鞋又称水域救援防护鞋和水域防滑靴，分为低帮和高帮两种类型。鞋底采用毛毡材料和细钉交叉结合设置，可以防礁石、青苔滑倒或锋利物体穿刺，具备透气、滤水、轻便和舒适性能。主要用于水域救援中对救援人员脚部和脚踝的安全保护，特别适合在海上或急流救援中行走、登礁、攀登时防滑和防穿刺，是水域救援必备的个人装备之一，如图4-8所示。

图4-7 水域救援手套

图4-8 水域救援鞋（靴）

6. 水域救援救生衣

救生衣是水域救援队员个人装备的关键装备和专业救援的必配装备。救生衣需达到120N浮力标准以上，且具备快速释放安全带功能；可佩带救援刀具和哨子。救生衣穿在身上应具有足够的浮力，必须确保救援人员和落水者头部能露出水面，如图4-9所示。

注意：救生衣的安全浮力一般为120～150N，若浮力不足，可能无法承受一个成年人的重量，容易发生沉水危险，但浮力并不是越大越好，浮力过大反而会影响救援操作效率。

图4-9 常规救生衣

（1）USCG认证的常规救生衣

①TYPE Ⅰ：离岸救生衣OFF-SHORE（LIFE JACKETS）。适用于所有水域，包括开放水域、恶劣海况、远洋等救援速度较慢的水域。分为SOLAS工作海域及US工作海域两种类型，成人型的最小浮力为22lbs（约为100N），儿童型的为11lbs（约为50N）。

②TYPE Ⅱ：近岸浮力背心NEAR-SHORE（BUOYANT VESTS）。适用于平静水域、内海湖泊等快速救援水域。最常见的为船用浮力背心。成人型最小浮力15.5lbs（约为70N），儿童型的为11lbs（约为50N）。

③TYPE Ⅲ：浮具FLOTATION AIDS。适用于特殊活动或场景，如滑水、狩猎、钓鱼、划船、独木舟、平静水域、内陆湖泊等快速救援水域。成人型的最小浮力为15.5lbs（约为70N），儿童型的为11lbs（约为50N）。

④TYPE Ⅳ：救生圈型可抛投浮具。适用于平静水域和海上救援水域，最小浮力18lbs（约为80N）。

⑤TYPE Ⅴ：特殊复合型救援装备。适用于特别环境和场景救援。包括独木舟背心、印第安舟背心、帆船甲板背心、甲板背心、船上工作背心、急流背心、救援人员背心、执法人员浮具等。最小浮力15.5～26lbs（70～120N）。

（2）水域专业救生衣（PFD）

又称急流救生衣，属于专业水域救援必备个人防护装备。专业救生衣设计浮力必须达到34lbs（150N）以上，可产生25lbs的浮力［相当于承重15千克力（kgf）浮力］，可以承担2个人在水中的浮力，如图4-10所示。

TYPE Ⅰ 离岸救生衣

第一型TYPE Ⅰ 离岸救生衣OFF-SHORE(LIFE JACKETS)：商船上使用，适于开放水域、远洋、商船弃船使用。分为SOLAS工作海域及US工作海域。最低浮力：成人=22lbs，孩童=11lbs

TYPE Ⅱ 近岸浮力背心

第二型TYPE Ⅱ 近岸浮力背心NEAR-SHORE(BUOYANT VESTS)：适用于平静水域、内海湖泊等快速救援水域。最常见的是多数船上使用的橘色背心。最低浮力：成人=15.5lbs、孩童=11lbs

TYPE Ⅲ 浮具

第三型TYPE Ⅲ 浮具FLOTATION AIDS：适用于特殊活动或场景，如滑水、狩猎、钓鱼、划船、独木舟、平静水域、内陆湖泊等容易快速救援水域。常用于休闲娱乐。最低浮力：成人=15.5lbs，孩童=11lbs

TYPE Ⅳ 可抛投浮具

第四型TYPE Ⅳ：救生圈等可抛投浮具。设计用于向水中人员投掷，让被救者可以等待救援，适用于平静水域。最小浮力：18lbs

TYPE Ⅴ 特殊装备

第五型TYPE Ⅴ：特殊装备，复合型浮具，适用于特别需求，如独木舟及印第安舟背心、帆船甲板背心、甲板背心、船上工作背心、急流背心、救援人员背心、执法人员浮具。最小浮力：15.5~26lbs

附注：根据现行国际标准救生衣浮力订定

ISO标准/欧洲标准	浮力/名称	性能特点	缺点
ISO 12402-5/EN 393	50N浮力助具	不自行扶正，仅把口鼻托出水面，使用者必须是意识清醒的	这不是救生衣，仅适合于游泳人士。轻便，但在翻腾水面不能长时间保障使用者的安全。缺乏足够的浮力来帮助没有自助能力的人士
ISO 12402-4/EN 395	100N救生衣	10s内自行扶正，面部朝上	在遮蔽水域及可能需要等待救助的环境使用。使用者穿着轻便服装。不能在恶劣环境使用
ISO 12402-3/EN 396	150N救生衣	5s内自行扶正，使用者穿着一般的恶劣天气服装	适合一般用途或需要穿上恶劣天气服装时使用。能将失去意识人士自行扶正到安全的姿势，并不需要穿戴者做任何举动来维持该姿势
ISO 12402-2/EN 399	275N救生衣	5s内自行扶正，使用者穿着重型防护服	主要供远岸在极端情况下使用，而且使用者可能穿着对自行扶正功能造成负面影响的防护服。设计确保使用者以正确姿势漂浮，并将口鼻托出水面

注：100N、275N的救生衣必须为头后部及两侧提供支撑

图 4-10 专业救生衣

7. 水域救援照明灯具

属于水域救援个人必备装备之一，主要用于夜间、水下、黑暗和浓雾天气等环境中救援照明，包括手提式强光灯、佩戴式头灯、强光探照灯、水下照明灯和防水手电等类型。如图 4-11 和图 4-12 所示。

图 4-11　防水手电

图 4-12　佩戴式头灯

8. 高音哨

高音哨用于救援信号发布、远程指挥，也可作平时训练或教学集队组织指挥之用，是水域救援个人安全常用装备。主要分为铜哨、铁哨、强力哨、雷鸣哨等型号，结构上通常以无珠哨为宜，避免有珠哨在水中因长时间泡水而变形，影响哨的质量和效果。声音响度通常要求达到 100dB 以上。材质上以胶木或塑料外壳为宜，避免生锈或影响质量和卫生，如图 4-13 所示。

9. 方位灯

具备单色、多色等灯光颜色，以及长亮、频闪、爆闪等功能，主要用于夜间或黑暗环境中水域救援时，标识救援人员位置，识别救援人员身份，标识救援人员工作状态，以及紧急情况下发布遇险求救信号等，如图 4-14 所示。

图 4-13　高音哨

图 4-14　方位灯

10. 水域救援刀具（割绳刀）

水域救援刀包括折刀和直刀，刀刃分为锋利型和锯齿型两种类型，当救援人员在水中遇危险或被缠绕障碍物时，用其割断缠绕在身上或救援艇螺旋桨上的水草、渔网或其他障碍物，是常备的水域救援个人重要安全装备器材之一，如图 4-15 所示。

11. 保暖服（水母服）

采用特殊氯丁橡胶材质制成，主要用于保护救援人员在水域救援中的躯体安全，具有一定的防寒保暖能力，能够防水透气。衣服的两臂和背部通常印有 RESCUE 反光字样标志，体现专业救援人员的身份。如图 4-16 所示。

图 4-15　水域救援刀　　　　　　　　　　图 4-16　保暖服

12. 抛绳包

抛绳包是抛过去救援技术的主要辅助性救援工具，也是救援人员自己逃生的必备关键器材，属于重要个人装备之一。抛绳包分为手提式和腰挂式，腰挂式通常采用单独安全带设计，手提式可以提在手中或挂在救生衣挂扣上备用。绳包通常采用防水尼龙材质制成，外观长 20～25cm，宽为 10～15cm；包内救援漂浮绳采用高性能纤维材料制成，绳长 15～30m，直径 5～7mm，重量 0.3～0.5kg，拉力 3kN 以上；绳包能长时间浮于水面。具有耐用性、牢固性、抗腐蚀性和防紫外线功能，绳子颜色分为橘、黄、红等单色或多色类型。如图 4-17 和图 4-18 所示。

图 4-17　腰挂式抛绳包　　　　　　　　　图 4-18　手提式抛绳包

第四节 常用潜水装备

潜水是一项高风险的专业技术,安全可靠的潜水救援除了要依赖于潜水人员的专业技能外,更大程度上还要依靠专业可靠的潜水装备。潜水人员和潜水队伍必须配备安全、合格,且通过安全认证的成套专业潜水装备,尽可能降低水下作业的风险等级,最大程度确保潜水人员自身安全。

一、潜水装备概述

潜水装备是指潜水人员在水下活动时为其提供自由呼吸、行动能力、浮力调整和安全防护的各种装备。潜水方式的分类较为复杂,可按装备类型、气体类型、潜水性质等分为不同的类型。通常按照装备类型分类,包括自由潜、自携式潜水和水面供气潜水等类型。自由潜装备主要由面镜、脚蹼、配重等构成,不具备水下呼吸能力,需要潜水人员长时间不间断专业训练。自携式潜水是由潜水员自己携带供气及呼吸装备进行水下活动。水面供气潜水的方式通常在长时间、高强度,且对安全性要求较高的水下作业中采用,具有作业时间长、供气量大等特点,并且在紧急情况时可在水面上执行回收作业。

潜水装备包括潜水服、潜水手套、潜水鞋、BCD、面镜、潜水刀、潜水气瓶等,下水作业时还需携带照明、通信和定位装备。如表4-5所示。

表4-5 潜水装备名称表

序号	装备名称	主要用途
1	潜水服	潜水时身体防护
2	潜水手套	潜水时手部防护
3	潜水鞋	潜水和岸上时足部防护
4	脚蹼	潜水提供动力
5	浮力控制装置(BCD)	控制浮力上升和下降装置
6	潜水照明灯	潜水时作业照明
7	潜水头套	潜水时头部及颈部防护
8	面镜	潜水员看清水下物的防护镜

续表

序号	装备名称	主要用途
9	潜水刀	快速切割绳索或割除障碍物
10	调节器组	调节气体压力给潜水员呼吸用
11	压铅带	调节浮力和加强潜水员的稳定性
12	潜水气瓶	储存气体供潜水员呼吸
13	潜水仪表	检测水压、水深、水温、方位
14	潜水电脑	记录分析潜水员安全的仪表装置
15	便携式水面供气系统	安全的潜水救援装具

二、个人潜水装备配备要求

① 岸上人员一般不参与下水救援，但仍然要满足水域救援最低防护装备要求，包括PFD浮力背心、潜水服、潜水鞋、潜水手套、潜水记录本等。

② 预备潜水员随时有下水救援的可能，应满足最低的防护装备要求，包括潜水服、潜水鞋、潜水手套、脚蹼、BCD、潜水照明灯、面镜、调节器组、潜水气瓶、潜水电脑、压铅带等。

③ 下水作业的潜水员必须要按照潜水作业装备标准要求配备，包括潜水服、潜水鞋、潜水手套、脚蹼、BCD、潜水照明灯、面镜、调节器组、潜水气瓶、压铅带、潜水照明灯、潜水电脑等。

④ 长时间、高强度及复杂环境中潜水作业时，尽量采用水面供气系统，能够最大限度减轻装备重量，提高救援效率。

三、个人潜水装备配备标准

1. 岸上协作救援人员（不下水或只是涉浅水作业）

① 潜水服：能浮水、舒适、透水效果好，符合EN 14225标准。

② 安全绳：长度100m以上，标准浮水绳，拉力4kN以上。

③ 潜水鞋：具有保温、防滑、防穿刺的能力。

④ 潜水手套：一般防滑、防割手套。

⑤ 潜水记录本：配备记录笔和潜水记录登记册。

2. 预备潜水员和下水作业潜水员（包括公共安全应急潜水员）

① 湿式潜水服：厚度1.5mm以上，防割、保暖。

②干式潜水服：具备保温和抗寒能力，能够隔绝污染水域中的细菌（特殊区域配备防化潜水干服）。

③潜水照明灯：高亮、抗压、防水。

④潜水鞋：透气、防滑、防穿刺。

⑤潜水手套：防滑、防割、保温。

⑥潜水头套：防割、保温。

⑦半面镜：不起雾，符合 EN 16805—2015 标准。

⑧全面镜（罩）：潜水深度可达 50m，密封性能好、舒适度高，适用冷水环境潜水，符合 EN 250 和 EN 12021 标准。

⑨脚蹼：高密度天然橡胶、硅胶等材料，或由经过热处理的聚氨酯材质制成，柔韧度和舒适性好，耐磨、耐腐蚀性高，抗海水性能强，符合 EN 16804—2015 标准。

⑩潜水刀：带快割绳、破穿器、尖头等，能在水中灵活使用。

⑪调节器组：一级调节器（first stage）和两个二级调节器（second stage），供气量符合 GB 18985 要求。平衡式隔膜一级调节器 DIN 口，工作压力 300bar（1bar=0.1MPa），旋转塔设计，工作流量 3000psi（1psi=6.895kPa），1 个高压端口、4 个低压端口；二级调节器工作压力 9.5bar。

⑫压铅带：带子的扣环必须是快卸扣，即在紧急情况下能用单手迅速地解开，且扣上后不会松滑。

⑬潜水仪表：潜水仪表有单联、双联和三联三种类型，是由残压计、深度计、指北针、潜水计算器等组合构成的仪表。潜水压力表应符合 GB 26123 要求，潜水深度表应符合 GB 26123 的要求。

⑭潜水电脑：可记录和查看深度、潜水时间、无减压时间、减压时间、上升时间、上升速度过快警告、气瓶余量、水面休息时间等。

⑮浮力控制装置（BCD）：在水面至少可以支撑 25kg 或更大的浮力，可调上下浮力和保持中性浮力。

⑯其他：如水中信号指示灯、定位灯、水下通信设备等备选装备。

四、个人潜水保护装备

根据静水、急流、寒冷、污染等水域环境潜水救援的实际需要，必须配备个人安全保护装备，以确保在救援中保护自身和被救者的生命安全，提高水域救援的成功率。另外，若在寒冷水域救援，还要配备干式潜水服，以确保在冰水环境中能保持救援人员体温，确保不间断作业，高效完成救援任务。

1. 潜水服

潜水服采用氯丁橡胶材质制成，是潜水人员在水下作业时保护自身安全的特殊防护服装，能够为救援人员提供浮力、抵挡紫外线和防止水下生物蜇伤。分为干式潜水服和湿式潜水服两种类型。如图 4-19 和图 4-20 所示。

图 4-19　干式潜水服

图 4-20　湿式潜水服

2. 潜水手套

潜水手套是潜水人员在潜水运动中不可缺少的手部保护工具，采用最具伸缩性、弹性的合成橡胶复合面料制成，在手套的手心部位增加耐磨防滑材料，腕部采用弹性松紧带及双面黏合粘扣带，防水保暖效果明显。如图 4-21 所示。

3. 潜水鞋

潜水鞋是一种专门用于潜水的安全保护鞋，采用坚韧耐用的橡胶制成，鞋底采用特殊横纹凹槽设计，踩在湿滑的礁岩上不容易滑倒，高耸的鞋缘更具有保护脚部的作用。潜水鞋从外形上分高腰和低腰两种。优质潜水鞋的防滑鞋底通常采用原生橡胶制成，鞋面和鞋腰采用潜水专用的尼龙布和发泡材料制成，鞋腰一侧设有专用拉链。优质潜水鞋一般不采用彩色橡胶，因为添加了染料的橡胶老化速度较快，会影响潜水鞋的使用寿命。如图 4-22 所示。

4. 脚蹼

脚蹼是为潜水人员游泳、潜水时提供强大前进动力的辅助装备，分为短脚蹼、标准脚蹼、圆形脚蹼、超薄长脚蹼、潜水超长脚蹼等类型。穿戴形式上包括可调节式脚蹼和全包脚式脚蹼两大类。脚蹼的材质分为天然橡胶、硅胶、高密度经过热处理的聚氨酯等。如图 4-23 所示。

图 4-21 潜水手套

图 4-22 潜水鞋

5. 浮力控制装置（BCD）

BCD 是潜水专业浮力控制装置，也就是潜水时穿在潜水人员身上的浮力背心，可以通过气瓶中的压缩空气对其进行充气，或者通过自身的排气按钮进行放气，以达到调整浮力的目的。包括夹克式和背囊式两种类型。如图 4-24 和图 4-25 所示。

图 4-23 脚蹼

图 4-24 夹克式浮力装置

图 4-25 背囊式浮力装置

6. 潜水照明灯

潜水照明灯既可作为日常的防水手电使用，也能作为潜水时的照明手电，水陆两用，具备智能高温保护功能，确保陆上也能正常使用。如图 4-26 所示。

7. 潜水头套

潜水头套采用氯丁橡胶和尼龙材料制成，具有一定的保温和耐磨性能，通常用于在冷水环境中潜水作业时人员头部保暖，也可以收束散乱的头发，有效预防头部擦伤和锋利的物体对头部造成伤害。如图 4-27 所示。

图 4-26　潜水照明灯

图 4-27　潜水头套

8. 潜水面镜

潜水面镜是潜水人员脸部、眼部防护的专用潜水器材，可以确保水肺潜水员、自由潜水员及浮潜人员在水下折射光线环境中，能够清楚观看水下环境。面镜分为半面镜和全面镜两种类型，半面镜主要有水肺潜水面镜和自由潜面镜两种。如图 4-28 和图 4-29 所示。

图 4-28　半面镜

图 4-29　全面镜

9. 潜水刀

潜水刀是潜水员在训练和潜水过程中防卫和自救的工具，由刀体与刀鞘组成，具有割、砍、刺、锤、挑等功能。能够迅速割断缠绕的网绳，刺穿 1mm 厚的低碳钢板，砍断直径 50mm 的杂木。特殊用途潜水刀 Z 型刀（又称作 zip 刀）具有钩型刀锋，特别适合切割细绳。沉船潜水员和洞穴潜水员，除了携带大型潜水刀外，通常也都会再携带一把 Z 型刀。如图 4-30 所示。

10. 调节器组

用于调节潜水气瓶的供气压力，确保潜水人员正常呼吸所需的供气压力。调节器组包括一个一级减压器和两个二级减压器（供气量应符合 GB 18985 的要求）。一级调节器采用平衡式隔膜 DIN 口，工作压力 300bar，旋转塔设计，工作流量 3000psi，包括 1 个高压端口和 4 个低压端口；二级调节器工作压力 9.5bar。如图 4-31 和图 4-32 所示。

图 4-30　潜水刀

图 4-31　一级调节器

图 4-32　二级调节器

11. 压铅带

压铅采用铅材质制成，配合压铅带系在潜水者的腰上。用于潜水员在潜水作业时增加自身重量，确保能够下潜水下作业。在遇某些紧急情况需要立即上升的，潜水者可以迅速解开配重带，抛弃配重。压铅带的带子扣环必须是快卸扣，确保能在紧急情况下用单手迅速地解开，且扣上后不会松滑。如图 4-33 所示。

图 4-33　压铅带

12. 潜水气瓶

属于压力容器的一种，用于充装呼吸所用压缩气体，为潜水人员潜水作业时提供呼吸所需气体。传统气瓶能充压 200bar，新型气瓶则可以充 300bar，属于高压容器范畴。休闲潜水一般使用铝合金无缝气瓶，且符合国标 GB 11640—2011。潜水气瓶容积在 0.6～20L，一般以 8～12L 为主。另外一种为压力 300bar 的全复合气瓶，气瓶容积 6.8L，可通过狭小空间，采用非金属内胆，非常便携。如图 4-34 所示。

图 4-34　潜水气瓶

13. 潜水仪表

潜水仪表是保证潜水安全的重要器材，能为潜水者提供深度提示警告、压力、照明、指示方向、时间等内容，有一些电脑表还有记录分析功能，是水肺潜水的安全助手。潜水仪表可以将深度、方向、温度及空气供应量等数据综合在一起，让潜水员一目了然。如图 4-35 所示。

14. 潜水电脑

潜水电脑是一种可查看潜水时间、气瓶余量、水质环境以及安全极限的数字式仪表装置。常见的潜水电脑分为腕带式和管联式两种。腕带式是佩戴在手上使用，而管联式则通过高压软管连接在呼吸调节器的高压出口处，可直接测试气瓶内的空气压力。如图 4-36 所示。

图 4-35　潜水仪表

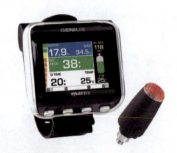

图 4-36　潜水电脑

CHAPTER 5

第五章
水域游泳技术

游泳技术是水域救援人员必须掌握的基本技能和技术，也是组织开展水域救援技术培训的首要培训内容，更是水域救援专业技术体系的基础环节，每名水域救援人员必须要熟练掌握和运用。游泳技术主要包括仰漂技术、踩水技术、抬头自由泳技术、抬头蛙泳技术、潜泳技术、蛙泳技术和自由泳技术等。

第一节　基础游泳技术

一、仰漂技术

仰漂技术是游泳的一种基本技能，要求队员不带任何漂浮物就能仰面朝天长时间漂浮在水面上，能让队员最大程度保持自身体力，是深水游泳过程中常用的休息方式。学习仰漂也是锻炼队员应对危险环境时能勇敢镇定面对的一种重要方式，能够很大程度上消除对水的恐惧心理，以便更加轻松应对危险情况，降低救援风险。如图5-1所示。

图 5-1　仰漂状态

（一）动作要领

头部在肩膀正上方，稍微收紧腹部核心，双臂放在体侧，双腿并拢，身体后仰。仰漂时要注意身体重心，因为人体上半身的浮力相对更大，需要将头部稍微后仰，调整人体重心位置，确保下半身能够漂浮起来。

（二）训练方法

① 水中有固定支撑。使用两个浮力棒，将浮力棒置于后背双臂之下，然后仰面躺在水中，躺好后慢慢张开双腿和双臂，双臂下的浮力棒能将上半身托起，但双腿仍在水中。队员只需要稍微抬高骨盆，抬起下巴，目光看向天空，肌肉尽量放松，这样就能轻松地漂浮起来。

② 水中无固定支撑。张开双臂和双腿，抬高骨盆，目光直视向上。为了能够一直漂浮在水面上，双手和双腿可以小幅度滑动，四肢越张开，越能够漂浮更久。

（三）易犯错误

① 初学者容易心理紧张，导致动作慌乱和变形。
② 身体柔软性不好，肌肉僵硬，造成身体失衡。
③ 呼吸不均匀，导致头部下沉，鼻子进水。

（四）改正措施

① 利用支撑板经常性训练，找到身体适应仰漂的感觉。
② 保持身体放松，心平气和，呼吸均匀。
③ 保持头部正直，双眼目视天空，手脚不能乱动。

二、踩水技术

是一项实用性强的游泳技术，能够帮助队员在游泳中缓解疲劳，提升手臂和腿部协调能力，并且可以通过长时间的踩水训练提高队员自身的耐力，增强全身肢体力量。在游泳中经常性出现手脚抽筋、全身乏力等情况，也可以通过踩水方式进行漂浮休息和调整，确保能尽快恢复身体状态和体力。如图 5-2 所示。

（一）动作要领

保持呼吸均匀，身体略向前倾，斜直立漂浮于水中，头部始终保持在水面上，下颌接近水面。在进行踩水运动时要保持有节奏的呼吸，确保队员掌握正确的呼吸方式，防止喝水、呛水和克服怕水心理。

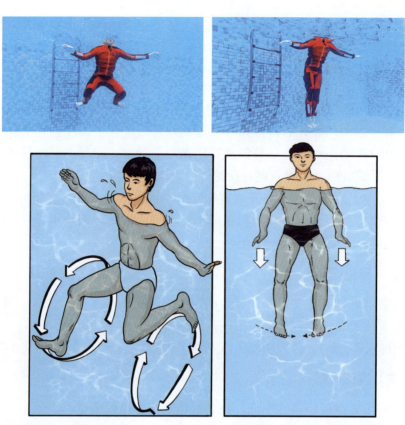

图 5-2 踩水技术

（二）训练方法

① 陆上呼吸配合训练。缓慢而有规律地进行呼吸，如采用两吸一呼的方法来训练呼吸节奏，掌握陆上呼吸后方可开始水中训练。

② 水中训练。选择深度可以站立的地方进行呼吸训练，头部保持在水面上方，下巴贴于水面，将呼吸放缓，模仿陆上训练方法练习呼吸节奏。

（三）易犯错误

① 水中心理紧张，导致呼吸节奏混乱。
② 队员怕水而不敢下水训练。

（四）改正措施

① 下水前先试水温，让身体适应水的温度，避免队员因不适应水温而不敢下水。

② 对于怕水的队员，要先陪其在水中走一走，使其克服对水的恐惧感，然后再进行下一步教学。

③ 在陆上需达到呼吸标准后方可下水训练。

三、游泳基础动作

（一）手部动作

手臂微弯，十指并拢，双手由胸前向内外两侧拨水，并在水平方向前后划动，划水路线呈双弧形。向外拨水时，手掌心向外侧下拨水。向内拨水时，手掌心向内侧下拨夹水，最后手臂前伸，停顿 2s，做短暂休息，如图 5-3 所示。

图 5-3 手部动作

1. 训练方法

① 陆上模仿训练。教练先进行手部技术动作要领示范讲解，然后再进行实操训练。操作时，身体稍微前屈，两臂稍屈平举于胸前，两手同时做平行于水面向外、向内的弧形拨压水动作。

② 半陆半水模仿训练。身体俯卧在泳池边，胸部以上部位贴水面，按照动作要领进行手部动作练习。划水时手臂尽量贴近池壁，但又不能触碰，防止触碰导致肘关节过直。每做一次完整动作需要停顿 2s，做短暂休息。

③ 水中有固定支撑训练。水中踩水的臂部训练可通过站立划水方式辅助。站立在齐胸深水中，双臂稍屈举于前胸，做有节奏的向外、向内弧形拨压水的动作，体会水对手臂的反作用力。

2. 易犯错误

① 划水节奏紊乱，导致身体不协调。

② 肘关节过于伸直。

③ 一个完整动作后没有做短暂停顿。

3. 改正措施

① 明确划水技术要领，强调手臂入水后下划时机，而后再用力向后加速划水。

② 肘关节过伸的学员应进行固定动作练习，起到肌肉记忆的作用。

③ 教学训练时要求学员在每个完整动作后短暂停顿 2s。

（二）腿部动作

小腿向外伸展，至身体两侧。蹬腿时，略屈髋，膝关节向内扣压，同时小腿和大腿内侧蹬夹水，翻腿姿势与蛙泳翻脚姿势基本相同。在蹬压的时候，两条腿始终处于弯曲状态，不能完全伸直并拢；收腿的时候，双脚脚掌外翻，脚尖朝外，始终保持小腿和大腿的内侧朝下，两个脚面的宽度要大于两个膝盖之间的宽度，然后小腿和大腿内侧朝下，弧形蹬压水，在膝关节伸直之前再次收腿，完成腿部动作。如图 5-4 所示。

图 5-4　腿部动作

1. 训练方法

① 陆上模仿训练。陆上腿部模仿训练是水中训练的基础，可以引导队员掌握正确的技术动作。坐在池边，脚浸入水中，模仿踩水的腿部动作，注意体会小腿和脚的内侧面向下蹬压水的感觉，通过坐在池边模仿踩水练习，可以更好地强化腿部动作的肌肉记忆。

② 半陆半水模仿训练。双手扶池边，上体略向前倾，双腿同时或交替做向下弧形蹬压、向上收腿翻脚的连贯动作。

③ 水中有固定支撑训练。身体竖立水中，两臂打开，利用两块浮板，漂在水面做陆上动作，小腿往内夹做踩水动作。

2. 易犯错误

① 蹬腿时不勾脚。

② 蹬腿时发力点不对，导致发力不均。
③ 蹬腿频率过快。

3. 改正措施

① 让队员在陆上做"八字形"脚后跟行走训练，前脚掌不许着地，这样可以确保队员的脚趾往上勾，而脚呈"八字形"也正好是收完腿后双脚对准水的位置，更有利于改正绷脚尖的错误习惯。

② 教练可以安排队员重复练习以上训练内容，让其感受蹬腿时对水的作用力。

③ 踩水时动作放慢，专注于踩水时脚掌对水的面积和角度。双脚要向下向外侧踩水，避免向后方踩水，有的队员踩水时身体不停向前挪动，就是因为踩水的方向错误。

④ 快速用力向下蹬腿时，腿部容易疲劳，蹬水时稍微有意识地放缓速度，可以避免身体起伏高低不平的情况。

（三）连贯动作

手臂与腿部动作要连贯协调，两臂向外划水与腿部蹬夹水一致，同时吸气。两臂向内划水，与收腿同步，同时呼气。踩水时，头部始终露出水面，保持呼吸均匀，腿部和手部有节奏地往复做动作，使身体平稳地漂浮于水中。用踩水动作可以朝某一方向缓慢前进，向前游进时身体略向前倾，腿稍向后蹬，两臂也稍向后划。侧向游进时，身体应沿游进方向稍侧倾，异侧腿动作要更大、更用力。

1. 训练方法

① 陆上模仿训练。俯卧于出发台或凳子上，模仿踩水手脚配合动作，练习时支撑物应置于腹部之下，不要影响腿臂的动作。

② 水中有固定支撑训练。队员佩戴背漂，借力立于水中，模仿踩水手脚配合动作。练习时先慢慢感受手脚动作对水的压力，找到对水的感觉。

③ 水中无固定支撑训练。水中滑行后，做完整配合练习。练习时，可先做多次蹬腿、一次划臂、一次呼吸配合，再逐渐过渡至一次划臂、一次蹬腿、一次呼吸的配合。完整配合时，开始滑行时间可稍长，然后再逐步减少滑行时间。

2. 易犯错误

① 身体失去平衡，人体下沉，不能维持踩水动作。
② 心理紧张导致不自觉增加踩水动作，体力消耗过快。

3. 改正措施

① 教练需要重新说明动作要领，并再做正确动作示范。上体稍前倾和稍低头，双手在胸前维持平衡。手在胸前做向里向外的拨水动作，以增加浮力。腿向下做蹬夹水动作，以增加浮力。改进蹬夹水动作，提高蹬夹水的动作效果。加强手、腿、呼吸协调配合，特别是呼吸要有节奏。

② 教练多安排水中有固定支撑训练，让队员戴背漂找感觉，有意识放松踩水频率，放慢踩水的步伐，缓解身体肌肉紧绷感。

③ 多做陆上模仿训练，增强肌肉记忆。

第二节 常用游泳技术

水域救援常用游泳技术包括自由泳、蛙泳、潜泳、仰泳和侧泳等几种类型，每种类型的游泳技术各有优缺点，救援人员应根据自身实际和救援现场实际情况灵活运用。

一、抬头自由泳技术

抬头自由泳技术是头部始终露在水面上自由泳游进的一种姿势，属于常用性游泳技术。头部露出水面可以观察水面情况，在救助溺水者时方便观察溺水者周围情况，能快速准确地接近溺水者，为抢救生命争取宝贵时间。如图5-5所示。

图5-5 抬头自由泳动作姿态

（一）动作要领

身体俯卧水中，头部露出水面，身体尽量保持水平，身体姿势比自由泳身体姿势稍高，并呈较好的流线型。身体可围绕纵轴有节奏地转动，两眼注视前方以保持身体平稳向前，保持呼吸均匀。

1. 训练方法

① 池边夹板训练。队员双手扶住池边，双腿夹住浮板，双脚离地，让身体漂浮于水面上。训练时身体要尽量保持直线，双眼目视前方。

② 利用浮板进行水上漂浮训练。教练拉动浮板帮助队员漂浮于水面，要求队员双脚并拢，双眼目视前方。

2. 易犯错误

① 练习时，队员出现腰部下塌现象。

② 队员颈部长时间僵硬，导致肌肉酸痛。

3. 改正措施

① 训练时，提醒队员在漂浮时下巴要尽量贴于水面。

② 合理安排训练强度，防止队员的脖子一直处于漂浮上抬动作，导致肌肉疲劳损伤。

（二）手部动作

手的入水点比自由泳要近，入水后肘部下沉，手臂要尽快进入划水和推水阶段，划水路线比自由泳更短。

1. 训练方法

陆上模仿训练。身体站立，两脚开立，上体前屈做臂划水的模仿动作练习，由分解过渡到连贯动作配合。

半陆半水模仿训练。身体俯卧于池边一侧，身体与池边平行，形成半悬空姿态。一只手臂伸直，另一只手臂在水中做划水动作，整个练习中手掌尽量贴近池壁，每组30次，共五组。

水中有固定支撑训练。站立水中，上体前倾，肩部浸入水中，做臂划水动作，边做边走。也可以进行夹板训练，腿夹浮板蹬壁滑行后，做两臂划水动作。注意两个动作均是目视前方，下巴贴于水面。每组25m，共五组。

2. 易犯错误

① 身体晃动幅度过大。

② 移臂时出现甩小臂现象。

③ 划手去水效果不明显。

3. 改正措施

① 正确示范肩膀转动动作，保持躯干不动。队员多做肩膀前后转动训练。

② 可以多进行分解练习，加强划手动作的规范性。

③ 在水中推水时，要注意发力的方向。

（三）腿部动作

抬头自由泳腿部的打水动作，主要目的是保持身体的平衡。膝盖自然弯曲，但不能弯曲过大，最佳状态为弯曲 160°。尽量放松脚踝，绷直脚尖，大腿带动小腿打水，腰部以下用力，上半身保持不动，确保打水有力度，避免左右晃动。

1. 训练方法

陆上模仿训练。队员俯卧在垫子上，双手打直伸向前方，将背部收紧，两脚悬空，大腿带动小腿，上下交替，脚尖绷直，上下幅度约 30cm。每组 30 次，共五组。

半陆半水模仿训练。队员坐于池边，双手后撑，双腿做自由泳打腿练习。每组 30 次，共五组。

水中有固定支撑模仿训练。队员双手握浮板，身体漂浮于水面做自由泳打腿训练，每组 25m，共五组。

2. 易犯错误

① 打腿时膝关节过于弯曲。

② 打腿时没有放松脚踝、绷直脚尖。

③ 只用小腿发力打水。

3. 改正措施

① 教练重新讲解示范，反复进行打腿训练，纠正膝关节过屈动作。

② 缓慢打腿，感受自身脚踝有没有上下移动，脚尖绷直，反复开展绷直和放松训练，找到感觉。

③ 教练重新示范动作要领，厘清动作规范，采用直腿打水训练方式，体会大腿带动小腿的感觉。

（四）连贯动作

可采用类似于自由泳的打腿技术，打腿六次，划臂两次进行配合训练。

1. 训练方法

① 水中有固定支撑训练。两两配对，一名队员托抱住另一名队员的腰部，令其漂浮在水面上，被托抱者进行手脚配合的动作训练。每组 20 次连贯动作，间歇 30s，共三组。

② 水中有固定支撑训练。队员身背浮板进行连贯动作练习，完成规定距离。要求仔细观察队员动作，及时纠正。

③ 水中无固定支撑训练。队员俯卧于水面蹬边滑行，两腿交替不停顿打水，做两臂交叉划水动作。

2. 易犯错误

① 手脚配合不协调。

② 动作频率过快。

3. 改正措施

① 队员佩戴辅助工具进行练习，重点体会手脚配合的连贯动作。

② 课前重点讲解动作要点，在队员练习过程中仔细观察问题，及时纠正。

二、抬头蛙泳技术

技术动作类似蛙泳技术，主要区别在于姿势上有所不同。抬头蛙泳时头部应往上走，才能确保在游泳的时候依靠头部的力量让自己游泳的姿势变得更加舒展，同时在游泳的时候速度也能够更快。抬头蛙泳技术和传统蛙泳技术有一定的区别，传统的蛙泳主要是靠手部和腿部的配合，从而形成一种类似于青蛙游泳的方式，而抬头蛙泳技术还要注重头部的动作配合。如图 5-6 所示。

图 5-6　抬头蛙泳动作姿态

（一）动作要领

身体微微前倾，按照蛙泳的动作要领滑行向前，保持呼吸有节奏。

1. 训练方法

① 漂浮训练。教练扶住队员双手，使队员漂浮在水面上，慢拉向前，然

后松手，让队员放松向前滑行。要求憋气时间适当久一点，手脚伸直放松向前滑行，感受水带来的浮力。

② 跳水训练。在深水区组织队员进行跳水训练，提升其心理素质，降低对水的恐惧感。教练需要时刻关注队员的状况，做好安全防护。

2. 易犯错误

① 身体平衡感不好，身体僵硬。

② 对水恐惧，不敢跳水。

3. 改正措施

① 教练可以引导队员先双手扶住泳池边，大腿夹紧三角板进行原地漂浮训练。

② 对队员进行心理辅导，鼓励其大胆做动作，时刻陪伴在队员身边，成功后给予一定的鼓励。

（二）手部动作

两臂从并拢前伸开始，前臂内旋，稍屈腕，掌心朝斜下后方，两手向外划水，边划边屈肘，两手划至两肩宽时，保持高肘屈臂，两手向下、向后、向上做加速划水，划至颌下时，两手靠拢，两肘内夹，紧接着两臂前伸，掌心转向下。

1. 训练方法

① 陆上模仿训练。两脚开立，上体前俯，手臂向前伸直、并拢，掌心向下。先按外划、下划、内划、伸臂四拍做分解动作练习，再过渡至外、内、伸三拍练习，最后进行完整动作练习，手臂的分解动作练习过程不宜太长，初步掌握动作后即应转入连贯的完整动作练习。

② 半陆半水模仿训练。身体俯卧在泳池边，胸部与池边平齐，对陆上教学进行系统训练。训练时，先进行分解训练再过渡到连贯配合。每组30次，共五组。

③ 水中有固定支撑训练。站于齐胸水中，做陆上模仿训练动作，划水时无须用力，着重体会划水的方向和路线，要求动作圆滑连贯，手臂并拢伸直后稍停片刻。

2. 易犯错误

① 划手过于靠后。

② 外划过大。

③ 五指没有并拢。

3. 改正措施

① 采用上臂基本不动的"小划臂"技术训练，屈臂高肘，主要用前臂弧形划水。强调动作连贯圆滑，内划紧接着前伸，中间不停顿。

② 教练可以抓住队员的手进行动作练习，注意动作的频率。

（三）腿部动作

两腿从并拢伸直开始，大腿带动小腿向前收，边收边分，当大腿收到与躯干成120°～140°角时，两膝与髋同宽，两脚紧靠臀部外侧，小腿与水面垂直，脚掌向上。接着两膝内扣，两脚勾脚外翻，脚掌内侧和小腿内侧对准后方，紧接着大腿发力，小腿和脚加速向后弧形蹬夹水，蹬夹同时结束，两腿并拢伸直，呈流线型姿势滑行。趴边蹬腿，"收翻蹬夹"，翻脚勾脚，蹬弧圆。双脚蹬并之后停顿2s左右，继续收腿。

1. 训练方法

① 陆上模仿训练。坐于池边或凳子上，两手侧后撑，上体后仰，模仿蛙泳腿部动作。练习时，先按收、翻、蹬夹、停四拍进行分解动作练习，再过渡到收—翻、蹬—停两拍练习。练习中，应边做边看自己的动作是否符合动作要领，尤其应注意正确的翻脚动作和蹬夹动作的连接。一般每组做30～50次。

② 半陆半水模仿训练。俯卧于池边，下肢置于水中，模仿蛙泳腿部动作。练习时，要体会收腿和蹬夹水动作时水的阻力，增加动作实感。可先由同伴帮助进行练习，对动作有体会后，再独立进行练习。练习时可进行分解动作练习，再逐步过渡至完整动作练习，练习中注意收腿时髋、膝的屈度和蹬腿的方向、路线。

③ 水中有固定支撑训练。

A. 扶边蹬腿（一手抓池边，另一手反撑池壁俯卧水中，模仿蛙泳腿部动作，可先由同伴帮助进行练习，对动作有体会后，再独立进行练习）。

B. 助力蹬腿（俯卧水中，两手握同伴两手，并在同伴牵引下进行蛙泳腿部动作练习，练习时助力者应视练习者的掌握情况逐渐减少助力）。

C. 滑行蹬腿（蹬边或蹬池壁滑行，两手不动，两腿做蛙泳动作练习，蹬腿时，注意两手微向上扬）。

D. 扶板蹬腿（两臂前伸，两手扶浮板中后部，俯卧水中，两腿做蛙泳动作练习，练习时先注意蹬腿向后，后强调蹬腿慢收、快蹬，掌握后可配合呼吸练习）。

④ 水中无固定支撑训练。队员蹬池壁做漂浮动作，漂浮过程中进行蛙泳蹬腿动作。每次蹬漂做两个动作。

2. 易犯错误

① 不勾脚后跟。

② 频收腿。

③ 出现"撅屁股"现象。

3. 改正措施

① 让队员在陆上做"八字形"脚后跟行走，即"卓别林"式走，且前脚掌不许着地，改正绷脚尖的错误习惯。

② 对于频收腿现象可多做半陆半水训练科目，以便巩固动作节奏。

③ 对于"撅屁股"现象，教练员需手握学员小腿，辅助其做动作，令其领悟正确的动作要领。

(四) 连贯动作

动作一般采用划臂一次、蹬腿一次的配合，两臂外划时腿不动，内划时收腿，臂向前伸时蹬夹腿，让自身滑行 2s。

1. 训练方法

① 陆上模仿训练。并腿站立，两臂向上伸直并拢，一腿支撑，另一腿与臂配合，模仿蛙泳的臂与腿配合动作。

练习时，可先按 4 拍（A. 两臂向外侧划；B. 内划时收腿、翻脚；C. 臂将伸直时蹬腿；D. 臂腿伸直后稍停）进行分解练习，然后逐渐过渡到连贯动作。

② 半陆半水模仿训练。俯卧于泳池边，模仿蛙泳臂腿配合动作，练习步骤同上。练习时池边线应置于胸部，不要影响腿臂的动作。

③ 水中有固定支撑模仿训练。身背浮板做连贯动作，每做一次动作都需要双腿并拢，保持 2s 时间的滑行。

④ 水中无固定支撑模仿训练。滑行后，做完整配合练习，练习时，可先做多次蹬腿、一次划臂、一次呼吸配合，再逐渐过渡至一次划臂、一次蹬腿、一次呼吸地配合，完整配合时，开始滑行时间可稍长，然后再逐步减少滑行时间。

2. 易犯错误

① 身体往下沉。

② 手脚配合不协调。

③ 手脚动作间隔过久，导致动作僵硬变形。

3. 改正措施

① 对动作的熟悉程度不够，可以用背板做支撑物辅助队员训练。

② 让队员先做一下划手然后做一下蹬腿，划完手停住再蹬腿，蹬完腿身体拉直停顿，逐个动作熟悉和掌握。

三、侧泳技术

身体侧卧在水中，用两臂交替划水，两腿做剪水的水上动作。侧泳的方法有很多，可分为手出水和手不出水两种技术。侧泳在持物游渡江河或救助溺者时经常使用，是水域救援的一种常用泳姿。如果溺水者已昏迷不再乱动，抢救者可拽住其两侧腋下，使其口鼻露出水面，采用仰泳方法拖带，或在其背后用一臂夹持其腋下，采用侧泳方法将其拖带至岸边或打捞到艇上进行抢救。如图 5-7 所示。

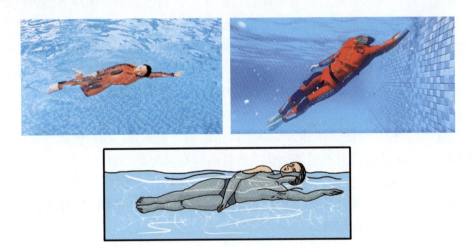

图 5-7 侧泳动作姿态

（一）动作要领

侧泳时身体侧卧在水中，上臂自然置于体侧，下臂前伸，整个身体展开成一条直线。胸腹面与水平面接近垂直，半个脸部露出水面。游进过程中，上臂入水时，上体和脸部稍稍转成侧俯卧，随着上臂划水再回转成侧卧姿势。

1. 训练方法

① 蹬漂训练。双手握浮板，双脚用力蹬池边，身体向前漂浮。注意双眼

注视水底，双手伸直夹耳朵，双腿伸直，脚后跟并拢。

② 池边漂浮训练。身体侧卧在水中，下臂扶住池边，掌心朝下，上臂置于体侧，两腿内侧夹浮板，并拢伸直。

2. 易犯错误

① 蹬壁力量不足。

② 双腿没有并拢用力夹浮板，导致浮板脱落。

3. 改正措施

① 在队员蹬壁后拉动浮板，跟随队员漂浮。

② 对于夹板力量不足的队员，可以给予一定的帮助，双手轻托其小腿部。

（二）手部动作

上臂在接近水面处往前移至头的前方入水，入水后前伸下划高肘抱水，用手和前臂对准水，然后沿着身体屈臂加速用力向后划水至大腿外侧，其动作基本与自由泳的臂划水相似。下臂动作主要是在身体下部前伸抱水，屈臂划水至腹部下方，掌心向上，以小臂带动大臂，沿身体向前做边伸边外旋的动作，伸直时掌心向下。两臂配合时下臂开始划水，上臂前移，上臂开始划水时，下臂开始做前伸动作，并稍做短暂地滑行，两臂在胸前交叉。

1. 训练方法

① 陆上模仿训练。两腿开立，上体稍前倾、稍侧屈，模仿侧泳两臂的划水动作，着重体会两臂不同的动作路线及两臂交叉配合的时机。

② 水中无固定支撑训练。上体稍向前倾、侧屈，做侧泳两臂交替的划水动作，朝侧向行进适当用力，借助划水动作产生的反作用力向侧移步，可结合转头呼吸动作进行练习。

2. 易犯错误

① 划水效果不明显。

② 容易偏离方向，没有斜下方划水。

③ 手臂出水时，没有提高肘关节。

3. 改正措施

① 让队员利用浮板辅助练习。在水中，双腿夹紧浮板，双手进行划水练习，可以适当放慢动作感受划水。

② 对于一些手部平划水的队员，可以进行动作分解练习，增强肌肉记忆，找到提肘的感觉。

（三）腿部动作

侧泳的腿部动作是推动身体前进的重要因素，尤其在腾出双手拖带溺水者时，几乎全靠腿的动作使身体前进。侧泳腿的动作可分为收腿、翻脚、蹬剪腿三个紧密相连的阶段。收腿时上腿向前收，下腿向后收，注意尽量少收大腿，特别是下面的腿，大腿几乎不动。翻脚主要在收腿后，上腿勾脚尖以脚掌向后对准水，下腿将脚尖绷直，以脚背和小腿前面向后对准水。

蹬剪腿主要利用大腿带动小腿稍向前伸，以脚掌对准前侧后加速蹬夹水，下腿以脚背和小腿对准侧后方伸膝踢水，与上腿形成剪水的动作，进入滑行阶段。滑行时，髋关节、膝关节和踝关节都要自然伸直，腿部肌肉保持适度紧张，以形成良好的流线型姿势。

1. 训练方法

① 陆上模仿训练。侧坐在池边或浮板上，双手扶在身体一侧，做侧泳腿蹬夹动作。

② 半陆半水模仿训练。将身体浮起呈侧卧姿势，侧卧于水中，一手抓住池边水槽，另一手在水下撑住池壁，做两腿的蹬夹动作。

③ 水中有固定支撑训练。仰卧于水中，向前伸手扶浮板于体前，做侧泳腿的动作向前游进，体会连贯的腿部动作。

④ 水中无固定支撑腿部动作模仿训练。蹬壁滑行后，侧卧于水中，身体尽量展平，下侧手前伸，上侧手放在体侧，做侧泳腿部连贯动作。

2. 易犯错误

① 翻腿角度不够。

② 上腿前收过多，超过 90°。

③ 两腿剪刀式蹬夹动作不在一个平面上进行。

3. 改正措施

① 反复做翻脚和收腿的固定练习，固定时间可以稍稍偏长，形成肌肉记忆。

② 水下辅助队员做腿部动作练习，在其蹬腿时用手抓住踝关节进行辅助。

③ 重复陆上腿部模仿练习，找到正确的肌肉发力感觉，明确动作要点。

（四）连贯动作

侧泳的呼吸和抬头自由泳的呼吸基本相似，只是无须把头埋入水中呼气。上臂推水和出水时吸气，头部稍稍转动，移臂时头部还原，做憋气和呼气。为了保证呼吸舒畅，一般是一次腿部动作、两臂各做一次划水、呼吸一次。每完成一次连贯动作后身体保持绷直状态滑行 2s。

1. 训练方法

① 陆上模仿训练。侧卧于长凳上，练习侧泳的腿、臂及呼吸的配合动作。

② 水中有固定支撑训练。身背浮板，在水中进行连贯动作训练，完成规定距离。注意观察好队员的肢体动作，对于动作不规范的队员，要求其重新返回陆上进行分解练习。

③ 水中无固定支撑训练。在水中，一臂伸、一臂贴于大腿侧面，做完整动作。注意收腿、翻脚、蹬剪的动作和呼吸的配合。

2. 易犯错误

① 连贯动作不协调。

② 头部位置过高，使下肢下沉，影响游进效果。

③ 身体没有向胸侧转动或转动过大，使臂腿形成不正确的动作路线。

④ 臂腿配合不协调造成呼吸过早或过晚。

3. 改正措施

① 教练必须亲自示范后，队员才能下水进行练习。

② 要抓住关键，腿是基础，呼吸是难点，腿臂配合是关键。多做模仿，建立正确的动作概念，形成合理的肌肉感觉，从而提高游泳速度。

四、基本仰泳技术（反蛙泳技术）

也称为反蛙泳，身体自然伸直，仰卧于水面，两臂置于体侧或前伸，稍收下颌，头的后半部浸于水中。是水上救生拖带溺水者和拖运物品时常采用的游泳技术。如图 5-8 所示。

图 5-8　基本仰泳动作姿态

（一）动作要领

身体自然伸直仰卧在水中，头部、背部、腰臀、膝关节尽量在一条直线上，仰面口鼻露出水面，同时腰部尽可能往上顶，让肚皮靠近水面，两臂置于体侧。移臂时吸气，入水后用鼻或口鼻均匀地慢慢呼气。

1. 训练方法

① 滑行训练。蹬壁滑行，身体整个仰卧于水面上，在蹬腿的阶段保持身体姿势水平。

② 漂浮训练。用浮板仰卧漂浮在水面上感受水带来的浮力，保持呼吸均匀。

2. 易犯错误

① 没有保持仰卧水平姿势。

② 身体僵硬，没有放松。

3. 改正措施

① 将浮力棒置于腋下，帮助稳定身体。

② 托住队员腰部，让其慢慢放松身体肌肉。

（二）手部动作

两臂自然伸直，同时在肩前入水，然后屈肘掌心向后，使整个臂部对准向后的划水方向，同时在体侧划水。划水结束后，两臂自然放松从空中向前移臂。

1. 训练方法

① 陆上模仿训练。身体站立，双手垂直放在体侧，体会反蛙泳陆上手臂动作。

② 半陆半水模仿训练。身体仰卧于池边，上半身贴于水面做反蛙泳的臂部动作。

③ 水中有固定支撑训练。队员将浮力棒放在腰上，仰卧于水面做反蛙泳划水动作。

2. 易犯错误

① 发力不均匀，双手没有同步。

② 过于紧张，动作变形。

③ 水下手臂推水速度过慢。

3. 改正措施

① 重新示范动作及发力方法，理清队员思路，然后让其多做陆上

手臂模仿练习。

② 利用浮力棒借力,让队员身体放松。

③ 明确动作节奏,多练水下推水动作。

(三) 腿部动作

反蛙泳腿的动作类似蛙泳,但由于身体仰卧,为了保证收、蹬腿时膝关节不露出水面,收腿时,膝关节边收边向两侧分开,小腿向侧下方收,其余的动作和蛙泳腿完全一样。

1. 训练方法

① 陆上模仿训练。坐在地上或凳子上,模仿反蛙泳腿部动作,讲解示范动作要领,分解动作练习,再逐步过渡到完整动作练习。

② 半陆半水模仿训练。身体坐在池边,下肢置于水中模仿反蛙泳腿的收、翻、蹬、夹动作,练习时体会收腿和蹬夹水动作时水的阻力,增加动作实感。

③ 水中有固定支撑训练。仰卧于水中,双手抓住浮板置于胸前,腿部做收、翻、蹬、夹动作,配合呼吸节奏进行。

④ 水中无固定支撑训练。身体仰卧于水中,双手交叉至胸前,腿部做收、翻、蹬、夹水滑行练习。

2. 易犯错误

① 蹬腿角度太小。

② 膝盖露出水面。

③ 出现前后蹬腿现象。

3. 改正措施

① 两腿分开,两脚勾脚外翻,小腿和脚内侧着地,跪于地上,两手侧后撑,缓慢向下压,体会翻脚动作,逐步增加膝、踝关节的柔韧性。

② 对于膝盖露出水面的问题,其主要原因是只收大腿没有收小腿。初学者在学习过程中收大腿不收小腿,常造成膝盖露出水面,使蹬水的时效性大大降低,影响游进的速度。这种错误最显著的问题是躯干上身与大腿角度过大,造成蹬水时膝盖上抬。可以通过坐姿半陆半水重复蹬夹腿练习来改进蛙泳收腿动作的角度,或者通过浮板蹬夹腿练习来改善收腿动作。

③ 通过水中的扶边蹬夹腿练习来体会两腿协调动作。熟练后再进行水中扶板蹬夹腿练习。

（四）连贯动作

两臂前移的同时，吸气收腿，两臂入水时稍闭气，两腿同时蹬夹水，然后用口鼻均匀地呼气，两腿自然并拢，臂划水，划水结束身体伸直滑行。

1. 训练方法

水中无固定支撑训练。蹬池壁滑行后，做两腿的收、翻、蹬、夹练习，手在体侧轻轻向下按水。

2. 易犯错误

① 下半身下沉。

② 头部后仰过大，水没过口鼻造成呛水。

③ 手脚配合不一致。

3. 改正措施

① 用浮板来辅助，多去体会蹬水带来的感觉，对于动作不协调的，要多进行陆上训练。

② 每次蹬夹水结束时，脚尖绷直并拢，保持滑行一定时间，再做下次动作。

③ 从陆上模仿动作分解练习开始慢慢过渡到完整动作练习，加深肌肉记忆。

五、潜泳技术

早期为了进行水下查勘、打捞、修理和水下工程等作业而在携带或不携带专业工具的情况下进入水面以下的活动。后来逐渐发展成为一项以在水下活动为主要内容，以锻炼身体、休闲娱乐为目的的运动，广受大众所喜爱。本书所指的潜泳是不使用专用器材，在屏气的状况下，下潜游进的技术。该技术常用于水下搜寻或救助溺水者。潜泳技术可分为潜远和潜深两种。潜泳具有一定的危险性和复杂性，在救援中主要采用蛙式潜泳和长划臂潜泳两种类型。如图 5-9 所示。

图 5-9

图 5-9 潜泳动作姿态

（一）蛙式潜泳

1. 动作要领

在潜泳中，为了保持潜泳的深度，避免过早上浮，躯干应始终正对游进方向，头部稍低使头和躯干呈一直线。头部起到升降舵的作用，往深处潜时应低头，希望浮出水面时应抬头。身体姿势与蛙泳基本一致，在下潜时呼吸保持憋气状态，放松地做动作，后期气量不足时可以缓慢用鼻子呼气，每次动作必须有频率地进行。

（1）训练方法

① 憋气训练。潜泳只有屏气时间足够长，才能确保最大限度地往前游。可以分组训练，共三组，第一组 1min，第二组 1.5min，第三组 2min，持续渐进，每组间隔 30s。

② 俯卧水底憋气。在水底成俯卧姿势进行憋气，可以两两互相配合，教练负责监管安全。

（2）易犯错误

憋气时间过短。

（3）改正措施

利用课余时间进行训练，每节课前用部分时间进行憋气训练。

2．手部动作

蛙式潜泳的臂部动作也和蛙泳一样，分为外划、下划、内划和前伸四个紧密相连的阶段，但两臂划水的幅度可以稍大于正常蛙泳，以产生较大的推进力，弥补因躯干固定而导致的蹬腿力量不足。两臂前伸时应贴近下颌，使臂的前伸动作尽量在躯干的横截面内完成，以达到减小阻力的目的。

（1）训练方法

① 陆上模仿训练。两脚开立，上体前俯，手臂向前伸直、并拢，掌心向下。先按外划、下划、内划、前伸四拍做分解动作练习，再过渡至外、内、伸三拍练习，最后进行完整动作练习，臂的分解动作练习过程不宜太长，初步掌握动作后即应转入连贯的完整动作练习。

② 水中站立划臂训练。站于齐胸水中，做陆上模仿练习动作，划水时无须用力，着重体会划水的方向和路线，要求动作圆滑连贯，手臂并拢伸直后停顿 2s。

（2）易犯错误

① 划水时手掌过于靠后，导致去水效果不好。

② 划水时出现抬头现象。

③ 五指没有并拢，掌心没有向后下方划水。

（3）改正措施

① 采用上臂基本不动的"小划臂"技术，屈臂高肘，主要用前臂弧形划水。强调动作连贯圆滑，内划紧接着前伸，中间不停顿。

② 出现抬头现象，可以通过蹬漂训练进行改正。

③ 通过陆上练习，提高动作的熟练度。

3．腿部动作

蛙式潜泳的腿部动作也和蛙泳一样，分为收腿、翻腿、蹬夹腿和滑行四个紧密相连的阶段。但为了尽可能地保持身体的流线型，以减小阻力，收腿时屈髋的幅度及两腿向两侧分开的程度都比正常蛙泳小一些。

（1）训练方法

① 陆上模仿训练。身体趴在出发台，双手伸直夹耳朵，做蛙泳腿部动作练习，由分解到连贯，体会动作要领。

② 半陆半水模仿训练。俯卧于池边，下肢置于水中，模仿蛙泳腿部动作。练习时体会收腿和蹬夹水动作时水的阻力，增加动作实感。

③ 水中有固定支撑训练。两臂前伸，两手扶浮板中后部，俯卧水中，两腿做蛙泳动作练习，练习时先注意蹬腿方向（向后），后强调蹬腿节奏（慢收、快蹬），掌握后可配合呼吸练习。

④ 水中无固定支撑训练。身体俯卧水中，双手伸直夹耳朵，腿部做收、翻、蹬、夹水滑行练习。

（2）易犯错误

① 没有翻脚，用脚尖蹬水。

② 肌肉的用力顺序错误，蹬夹一开始就伸直脚掌。

③ 每次蹬夹水后没有做并拢停顿动作。

④ 小腿向下打水。

（3）改正措施

① 多做跪撑翻脚压腿动作，提高膝、踝柔韧性。

② 肌肉的用力顺序错误，蹬夹一开始就伸直脚掌。强调蹬夹过程勾着脚，直至最后才伸踝鞭水。由同伴或教练抓握其双脚帮助做好翻脚和蹬夹动作。

③ 强调加大屈髋程度，多收大腿。蹬夹时先伸髋后伸膝，使脚趾近水面后蹬。

4．连贯动作

蛙式潜泳臂、腿的配合技术与正常蛙泳完全一样。但由于在水下潜泳有效地减小了波浪阻力，故可以适当放慢频率，延长滑行时间，充分利用臂、腿动作产生的推进力向前游进。

（1）训练方法

水中无固定支撑训练。滑行后，做完整配合练习。练习时，可先做多次蹬腿、一次划臂、一次呼吸配合，再逐渐过渡至一次划臂、一次蹬腿、一次呼吸的配合。完整配合时，开始滑行时间可稍长，然后再逐步减少滑行时间。

（2）易犯错误

① 完成动作过快，导致身体肌肉快速僵硬。

② 初学者身体容易浮出水面。

（3）改正措施

① 正确掌握动作频率，可以设置一定距离，按规定动作次数完成训练目标。

② 头稍稍往下低，因为身体的重心其实是在头部，所以一定要把头低下

去，可以在潜水时双眼往前下方注视，从而达到下潜目的。

（二）长划臂潜泳

长划臂潜泳的身体姿势和腿部动作与蛙式潜泳完全相同，如图 5-10 所示。

图 5-10　长划臂潜泳动作姿态

1. 手部动作

（1）动作要领

手部动作分为外划、内划、上划三个部分。

① 外划。起跳入水或蹬壁之后，身体应保持流线型姿势滑行。当滑行速度接近正常游速时，两手开始向外划水，外划宽度应宽于肩，高于头，以便抓水。为加长划水路线，加大推进力，外划应充分。两手外划超过肩宽后开始屈肘，掌心后转抓水。开始外划时，掌心向下，然后逐渐外转，掌心向外后方成抓水动作。外划动作主要是伸展，目的在于为两手进入有效的内划阶段做准备。

② 内划。抓水动作完成后，两手开始在体下向后并向内划水。此时的动作类似于蝶泳的内划动作，但划水路线较长并呈弧形。内划的同时逐渐屈肘，当划至胸下时，两手接近并拢，这时屈肘 90°。在内划过程中，掌心转向内上，应注意掌心内转速度不宜过快。虽说此时的划水方向向内，但掌心并不完全内转。在内划过程中，推进力产生于下划和内划阶段，这与蛙泳臂部推进力产生过程相同，但蛙泳长划臂动作推进力更大，产生推进力的时间更长。两手在内划过程中，划速应适度加快。

③ 上划。内划动作结束后，开始上划。两手应向外上方，并向后划水，划至大腿上方两臂完全伸直为止。在上划过程中，两手掌心外转，转向后外

方。在上划过程中，两前臂和两手应偏重向后划水，此时肘部用力伸直，向外上方划水。上划结束后两臂在大腿旁完全伸直，两手掌在大腿上方，掌心向上。由内划转向上划时，两手划速减慢，随后划速急剧加快直至划水动作结束，两手上划阶段的划速应达到划速的顶点。

（2）训练方法

① 陆上模仿动作。身体站立，双手上举伸直，做蛙泳长划臂动作，从分解动作外划、内划、上划，一步步过渡到完整动作练习。

② 水中无固定支撑训练。身体俯卧水下蹬壁出发，身体呈流线型，做蛙泳长划臂动作。

（3）易犯错误

① 外划幅度太小，导致去水效果不好。

② 划水动作衔接不到位。

（4）改正措施

① 重复练习陆上分解动作，外划宽度应宽于肩，高于头。

② 利用夹板的形式进行辅助练习，增强动作的协调性。

2. 连贯动作

（1）动作要领

采用蛙泳转身后，在水下做长划臂和蹬腿动作向前游进。其臂、腿配合方式是两臂划水时，两腿自然伸直并拢。划水结束后，两臂贴于体侧，掌心朝上，身体呈良好的流线型向前滑行，在收手前伸的同时做收腿、翻脚的动作，两臂向前伸直的同时，两腿用力向后蹬夹。蹬夹结束后，保持臂、腿伸直的姿势稍做滑行。

（2）训练方法

水中无固定支撑训练。俯卧于水下蹬离池壁，身体呈流线型，脸向下目视池底。保持这个姿势数三个数。再过渡到两臂向后划水，直到两手划到大腿处，膝关节上面。划水要深，手指向下。划水结束后保持这个姿势数两下，脸仍然朝下。两手向腹部前移，开始收腿，为蹬水做准备。蹬腿时两腿蹬夹水，手臂向前伸展呈流线型。保持流线型姿势数一个数再开始蛙泳。

（3）易犯错误

① 划推跑偏。

② 手脚配合不协调。

③ 没有做到滑行动作。

（4）改正措施

划推时手要在身体阴影下方，直线进行划推，手掌不能去到身体两侧，同时不能斜线向外。这样做是保证最长的划水路线，以及正直向前的推进力方向。可以根据队员的具体情况安排陆上分解练习，让队员体会动作带来的感觉。

CHAPTER 6

第六章
水域救援基础技术

水上救生基本技术作为静水救援的基础技术，是所有水域救援人员必须要掌握的基础技术和技能，也是在日常救援中，经常使用的基础性救援技术，是熟练掌握和运用所有水域救援专业技术的基础与前提。主要包括入水技术、接近技术、防卫技术、解脱技术、带人技术、登岸技术和自我保护技术等。

第一节　入水技术

一名合格的水域救援人员必须具备良好的游泳基础，能熟练掌握相关水上救生技术，以及具有正确的评估判断能力、丰富的救援经验和良好的身体素质。入水技术是水域救援人员学习和掌握水域救援技术的基础。在水域救援行动中，救援人员应选择安全且接近溺水者的位置下水，下水后应迅速游往溺水者侧后方位置，同时不断观察溺水者情况，避免失去目标。具体来说，常用以下几种下水方式。

（一）滑入式

1. 适用范围

适用于水底环境及水深不明的情况，如图 6-1 所示。

图 6-1

图 6-1 滑入式入水动作姿势

2. 动作要领

① 救援人员应先找一处安全且最接近溺水者的地点下水。

② 以双手支撑身体,将身体慢慢从岸边滑入水中。

③ 入水后以双脚探索水底情况。

④ 当全身沉入水中后,应迅速游近溺水者展开救援。

(二)跨步式

1. 适用范围

适用于水底清澈,从低处跨步入水,岸边与水面距离不超过 1m,同时有足够水深的情况。跨步式入水的好处在于下水后头部仍保持在水面之上,便于救援人员观察和熟悉水域情况,最大程度保护头部安全,如图 6-2 所示。

图 6-2 跨步式入水动作姿势

2. 动作要领
① 救援人员站在岸边,将一只脚尽量跨向水中较远处。
② 前腿膝部微屈向前跨出。
③ 后腿膝部同时微屈后伸。
④ 上身前倾,与水面成约 40°角。
⑤ 双手前伸成 V 形,手肘微屈,手掌向下。
⑥ 腰部沉于水中时,双手应立即向下压。
⑦ 双脚做剪刀状踢水,保持身体平衡,迅速浮出水面。
⑧ 在整个过程中,应保持头部露出水面。

(三)打桩式

1. 适用范围
适用于水面距离地面 1m 以上,有足够水深的情况,如图 6-3 所示。

2. 动作要领
① 救援人员双手交叠于胸前,并用手掌遮盖口鼻。
② 将一只脚向前迈出,离开岸边。
③ 双腿并拢伸直。

④ 保持身体垂直入水。
⑤ 身体入水后，应将身体微向前倾，以免继续下沉。
⑥ 拨动四肢，使身体浮出水面。

图 6-3 打桩式入水动作姿势

（四）前行式

1. 适用范围

适用于水质清晰见底，水底无其他障碍物的情况，如图 6-4 所示。

2. 动作要领

① 救援人员应注视下水点。
② 探步向前离开岸边。
③ 双膝微屈，当水深约 1m 时站直双腿入水救援。

图 6-4 前行式入水动作姿势

（五）球状式

1. 适用范围

适用于意外坠入水中的情况，是紧急采用的自我保护技术动作，如图 6-5 所示。

图 6-5　球状式入水动作姿势

2. 动作要领

① 紧缩双腿，双膝靠拢在胸前。
② 双手抱紧头部，并以前臂保护面部。
③ 肢体合拢，下颌紧贴胸部。

（六）浅跳式

1. 适用范围

适用于水质清晰见底及清楚其深度的情况，如图 6-6 所示。

2. 动作要领

① 双脚平行分开，与肩同宽，脚趾紧贴岸边。
② 屈膝，腰前弯，双手由后向前挥出。
③ 双脚同时用力蹬离岸边，全身伸直跳下入水。
④ 过程中，应尽量注视溺水者。

图 6-6　浅跳式入水动作姿势

（七）平跳式

1. 适用范围

适用于由低处跳入水深不足 1m 的激流或浅滩，如图 6-7 所示。

图 6-7　平跳式入水动作姿势

2. 动作要领

① 必须穿着救生衣（PFD）。
② 一手护脸部，一手向前伸直。
③ 身体绷直平跳入水。

（八）穿着救生衣入水

① 从岸边入水的技术动作，如图 6-8 所示。可采用"滑入式"入水，或脚先跳落入水；紧抱救生衣，双手用力将衣肩往下拉，以防入水时救生衣伤及头颈部。

图 6-8　穿着救生衣从岸边入水动作姿势

② 在舟艇上入水的技术动作，如图 6-9 所示。可采用"滑入式"入水或后滚翻入水，同样需要紧抱救生衣。

图 6-9　穿着救生衣在舟艇上入水动作姿势

第二节　接近技术

携带救生浮具游向溺水者，到达溺水者处将救生浮具交给溺水者，然后将其拖回上岸，这是水上救生中最艰难的技术方法。救援人员必须掌握恰当时机，接受过专业水上救生技术培训，有一定的技能和体能，并且首先要考虑的不是直接接触，而是间接接触溺水者。接近法是救援队员采用入水、游泳、抛投救援物品等方式，迅速接近溺水者的技术方法，包括间接接近和直接接近两种类型。

一、直接救援法

指救援人员徒手或使用水上救生装备接触溺水者的施救方法。根据不同的水域情况以及溺水者状况，直接接触溺水者时，分别采用直手拖行、握腕拖行、托颏拖行、横胸拖行、肩膀拖行、扶头拖行、浮物托头等方法进行救援。

1. 徒手救援

救援人员应当降低身体重心，俯在岸边地面上，徒手接触救助溺水者，并使用水域救援牛尾绳连接岸边固定支点，或由其他救援人员提供保护，避免自身落入水中。负责保护的救援人员应当实时关注被保护救援人员和溺水者情况，如图 6-10 所示。

图 6-10　徒手救援动作姿势

2. 递物伸展救援

救援人员应当降低身体重心，俯身或蹲在岸边地面上，使用船桨、篙竿、消防梯、挠钩等救生装备接触救助溺水者，并使用水域救援牛尾绳连接岸边固定支点，或由其他救援人员提供保护，避免自身落入水中。负责保护的救援人员应当实时关注被保护救援人员和溺水者情况，如图 6-11 所示。

图 6-11 递物伸展救援动作姿势

二、间接救援法

指救援人员徒手或使用救生抛投器将水面漂浮救生绳、救生衣等救生装备抛投给溺水者的施救行动。营救过程中始终与溺水者保持戒备距离,并将救生圈、浮板等救生装备递给溺水者抓牢,然后用拖带方式进行救援至岸边。

1. 抛绳包救援

救援人员从抛绳包中将绳索抓结拉出,一手握住抓结,大声提醒溺水者注意接收抛绳,另一手抛投绳包至溺水者能目视、且第一时间能抓住的水面范围内,救援人员引导溺水者抓住绳索,如图 6-12 所示。平静水域中,救援人员拉回绳索,救助溺水者上岸;急流水域中,救援人员应先稳固自己,拉住绳索,利用水流力量救助溺水者以钟摆式顺流到达岸边。注意营救过程中应当随时释放绳索,防止溺水者受水流冲击或水中障碍物撞击而遇险或受伤。

图 6-12 抛绳包救援动作姿势

2. 抛物救援

救援人员利用连接有绳索的救生衣、救生圈等替代抛绳包，采取抛物救援方式救助溺水者，如图 6-13 所示。

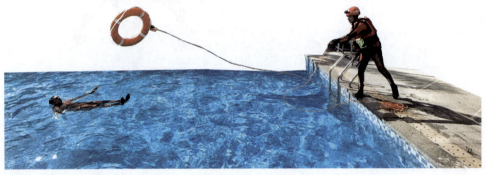

图 6-13　抛物救援动作姿势

第三节　防卫技术

救援人员在营救行动中必须要有自我保护意识，时刻做好自我保护的准备，避免溺水者在水中因惊慌缠抱救援人员。救援人员在施救过程中，采用任何一种防卫法都必须敏捷而有力，并利用"戒备位置"与溺水者保持一定的安全距离，全程实时评估溺水者状况，便于紧急情况下能迅速作出应急反应。

1. 戒备法

属于警觉性防卫动作，主要目的是在安全距离内能对溺水者作出评估，如图 6-14 所示。救援人员应与溺水者保持至少 3m 距离，以确保救援人员自身安全。动作要领如下：

① 应与溺水者保持 3m 远距离；
② 面对溺水者，上身后靠呈 45°角；
③ 单腿微屈向前；
④ 用双手"摆橹式"划水，以保持在水中的位置；
⑤ 大声安慰溺水者。

2. 逆退法

逆退法适用于救援人员与溺水者距离较近，且溺水者有可能会扑向救援人员的情况，如图 6-15 所示。动作要领如下：

第六章 水域救援基础技术

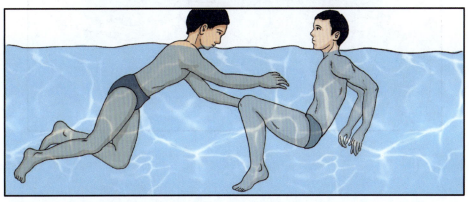

图 6-14 戒备法动作姿势

当与溺水者相距约 2m 距离，并且溺水者欲扑向救援人员的时候，救援人员应立即以仰卧泳姿，头部及双肩急向后仰；用"摆橹式"划水，迅速向后退；双脚用力踢水，以阻挡溺水者的视线；避开溺水者贴身纠缠，保持"戒备位置"。

3. 压离法

如溺水者突然抱向救援人员，而救援人员未能及时运用逆退法的时候，则可利用压离法将溺水者推开，通常有以下三种方式：

（1）单腿压离法

与溺水者相距少于 1m 时，救援人员应立即缩起身体；利用一足或双足踏在溺水者胸膛上，迅速将其推开；迅速退回到 3m 以外的"戒备位置"上，如图 6-16 所示。

图 6-15 逆退法动作姿势

图 6-16 单腿压离法动作姿势

(2) 直手压离法

当与溺水者非常接近时，救援人员以单手或双手置于溺水者的胸膛，迅速将其推开；然后迅速逆退回到"戒备位置"上，如图 6-17 所示。

第六章 水域救援基础技术

图 6-17 直手压离法动作姿势

（3）辅助物压离法

当救援人员携带辅助物品施救，并且与溺水者非常接近时，救援人员可用辅助物品隔开溺水者，并将其压开；然后迅速逆退至"戒备位置"上，如图 6-18 所示。

图 6-18 辅助物压离法动作姿势

137

第四节　解脱技术

救援人员被溺水者纠缠后,迅速采用措施脱离的技术方法即解脱技术。在救援过程中,如果救援人员被溺水者缠抱,应立即使用有效的"脱身法",迅速退回 3m 外的"戒备位置"上。主要包括抽臂脱身法、推离脱身法、托肘脱身法和分指脱身法四种类型。

一、抽臂脱身法

适用于救援人员手腕被溺水者握住或抓住的情况下,如图 6-19 所示。动作要领如下:

图 6-19　抽臂脱身法动作姿势

① 救援人员的手腕被溺水者紧紧抓住时，若手臂向上，则用另一只手由下而上穿过其两手之间，紧握自己被握之手，向下用力抽离，迫使溺水者拇指松开。

② 若救援人员的手垂下时被紧握，则用另一只手由上而下穿过溺水者两手之间，紧握自己被握之手，向上抽动，迫使溺水者拇指松开。

二、推离脱身法

适用于被溺水者正面紧抱头、颈、胸或身体等部位的情况下，如图 6-20 所示。动作要领如下：

图 6-20　推离脱身法动作姿势

① 救援人员的头部被溺水者正面环抱时，救援人员应迅速低下头，并保护自己的喉部，然后将溺水者的胸部、腋窝或腰部往上推，迅速使自己身体下沉，离开溺水者，并尽快退回"戒备位置"。

② 如果救援人员的身体及两手同时被紧抱时，应立刻将下颌紧贴肩膀，保护头部，将手肘用力向外横伸，双手将溺水者胸膛、腋窝或腰部往上推，迅速使自己身体下沉，离开溺水者，并尽快退回"戒备位置"。

三、托肘脱身法

适用于救援人员的头部或上身被溺水者从背后缠抱的情况，如图 6-21 所示。动作要领如下：

图 6-21 托肘脱身法动作姿势

救援人员的头部或上身被溺水者从背后缠抱时，应立刻低下头，并保护喉部；一手托住溺水者搭在上方的手时，另一手则紧握该手的手腕，用力托高溺水者手肘，同时将其手腕往下压，使溺水者上身倾侧而松脱，尽快离开溺水者，并退回"戒备位置"。

第六章　水域救援基础技术

四、分指脱身法

适用于救援人员被溺水者从背后缠抱，并且溺水者双手手指交叉合拢用力的情况，如图 6-22 所示。动作要领如下：

图 6-22　分指脱身法动作姿势

救援人员应迅速低下头，并保护颈部，紧握溺水者两手拇指或其他手指，将其向两边拉开，用力将溺水者的手往上下两边拉，从溺水者腋窝下往后下方退，尽快游离溺水者，退回"戒备位置"。

第五节　带人技术

带人技术是指救援人员接近并控制溺水者后，采用直接、间接等不同的拖带方法将溺水者拖带至岸边或舟艇旁边的救援措施。拖带时必须要注意将溺水者拖出水面，让其仰卧，防止溺水者口鼻进水，影响呼吸功能。主要包括间接拖带法和直接拖带法两大类型。

一、间接拖带法（助浮物拖救法）

适用于拖救昏迷的溺水者，通常要借助漂浮板、救生圈、救援艇、漂浮担架等救生装备，将溺水者固定在拖带救生装备上，救援人员直接拖拉拖带救生装备，将溺水者拖带至岸边，如图 6-23 所示。

第六章 水域救援基础技术

图 6-23 间接拖带法动作姿势

二、直接拖带法

若没有救生装备协助，可向清醒而配合或昏迷的溺水者，施以直接拖带法。救援人员直接从溺水者身后，用手抱护住溺水者前胸，使其紧靠救援人员，快速将其拖带至岸边，如图 6-24 所示。

图 6-24　直接拖带法动作姿势

第六节 登岸技术

当完成水上救援任务后,在协助溺水者登岸时不应掉以轻心,因救援人员体力消耗大,往往容易出现未知的危险情况,这时必须要一名或多名救援人员共同协助登岸,尽快将溺水者带离水面。根据岸上地势可分为"轻微倾斜区域登岸"和"倾斜区域登岸"两种类型。

一、通用原则

采用任何登岸技术都应考虑以下通用原则:
① 救援人员的体力、身高以及救援经验;
② 溺水者的清醒程度、身高、体重及伤势情况;
③ 登岸区域环境、天气及周边的情况;
④ 溺水者受伤严重,或刚从冰冷水中被救起时,应尽量保持溺水者身体呈水平状态,小心移动溺水者,并注意保持其下肢高于心脏的姿势。

二、常用方法

1. 搀扶离水法

适用于清醒、疲乏,仍能在搀扶下步行的溺水者,如图 6-25 所示。动作要领如下:
① 救援人员应先在浅水区域略做休息,恢复体力。
② 头部穿过溺水者一边的腋下,以支撑溺水者身体。
③ 手从后面搀扶(抓住腰带)其腰部,支撑溺水者步行离开水域。

图 6-25 搀扶离水法动作姿势

2. 拖行离水法

适用于精疲力竭、昏迷或不能在搀扶下步行的溺水者，如图6-26所示。动作要领如下：

① 救援人员应选择轻微倾斜的地势拖离。

② 当拖行溺水者至浅水区时，应尽量平浮溺水者，双手穿过其腋下，兜托并紧握其双手手腕，然后倒退拖行。

图6-26 拖行离水法动作姿势

3. 旁人协助抬离法

适用于精疲力竭或昏迷的溺水者，并且有旁人协助的情况，如图6-27所示。动作要领如下：

① 救援人员双手从身后兜托溺水者的腋下并抓紧其手腕。

② 协助人员兜托住溺水者双腿膝关节和小腿。

③ 两人协同抬起溺水者离水上岸，并小心放置于地上。

图6-27 旁人协助抬离法动作姿势

4. 马镫式协助法

适用于清醒的、能在协助下自行登岸的溺水者,如图 6-28 所示。动作要领如下:

图 6-28 马镫式协助法动作姿势

(1) 浅水区

救援人员应从溺水者身后或一旁,靠岸蹲低以双手作兜形,指示溺水者一足踩其双手并借力登上岸。

(2) 深水区

救援人员以一手攀紧岸边,另一手则兜托溺水者一足,指示溺水者以另一腿借力登上岸;救援人员也可屈曲大腿成梯级状,溺水者踏其大腿借力登上岸。

5. 多人协助登岸法

适用于精疲力竭或昏迷的溺水者，及有多人协助的救援场景，如图 6-29 所示。动作要领如下：

① 指定一名救援人员指挥整个救援行动。

② 将溺水者正面朝向岸边。

③ 两人在岸上紧抓溺水者双腕，合力往上提拉。

④ 在水中的救援人员，从身后或两旁扶托溺水者臀部离开水中。

⑤ 将溺水者拉离水面至腹部位置，并慢慢放下其头部及躯体。

⑥ 水中救援人员将溺水者下肢托离水时，岸上人员同时提拉其上肢及躯体，抬上岸后平放。

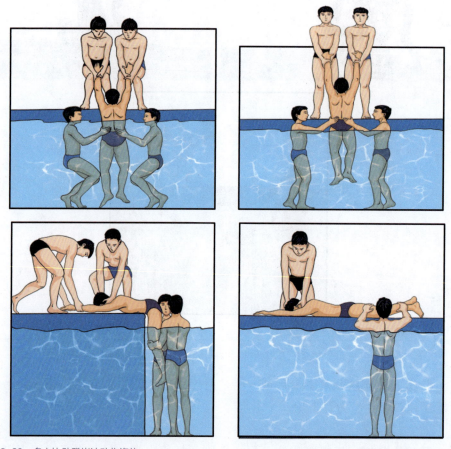

图 6-29　多人协助登岸法动作姿势

6. 单人直手拉起法

适用于精疲力竭或昏迷的溺水者，及未有旁人协助的救援场景，如图 6-30 所示，动作要领如下：

① 救援人员上岸后，紧握溺水者双腕。
② 双脚垂直平开与双肩同宽，足趾微微踏紧池边。
③ 保持腰部挺直，双臂垂直放下，利用大腿力量往上提拉。
④ 拉起溺水者时，保持头部稍向后，以免重心前移。
⑤ 将溺水者拉离水面至腹部位置，以大腿支撑其头部。
⑥ 慢慢将其放下，直至其头部置于救援人员的腿背上。
⑦ 迅速以一手按在溺水者背部，以免其再次滑入水中。
⑧ 救援人员应顺势蹲下，扶托溺水者双腿离开水面。

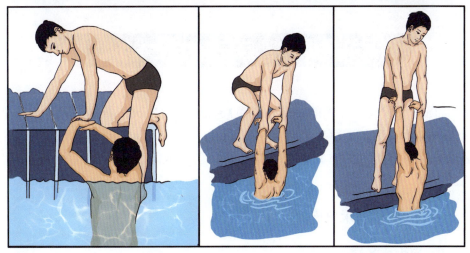

图 6-30

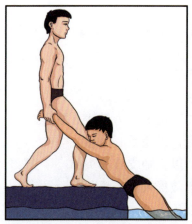

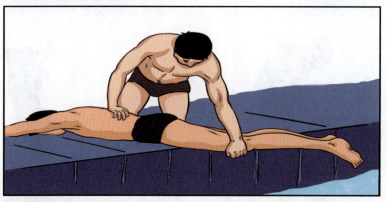

图 6-30　单人直手拉起法动作姿势

第七节　自我保护技术

由于水域救援环境的复杂性和危险性，救援人员在救援过程中经常遇到各种危险情况，有可能给救援人员造成致命的风险，因此水域救援人员必须熟练掌握基本的自我保护技术，防止自己或队友在救援过程中受伤和危及生命。

一、急流中落水自我保护方法

1. 保护式泳姿

头朝上游、脚朝下游，边漂流边观察下游水域情况；如发现岩石时用脚蹬开，从旁边通过；发现翻滚沸腾的水面，尽量避开寻找其他路线。如图 6-31 所示。

图 6-31　保护式泳姿动作

2. 攻击式泳姿

在下游发现危险障碍时，应采用攻击式泳姿来改变前进的方向。在接近可能被卷入的漩涡时，应换成攻击式泳姿（双脚不要摆动打水），迅速游出漩涡。在水流湍急的情况下，要借助水流的力量，尽可能减少消耗自己体力的情况，运用攻击式泳姿，面朝上游 45°方向，利用水流对身体冲击的横向作用力，快速游向安全区域，如图 6-32 所示。

图 6-32　攻击式泳姿动作

二、水上自救与求生

在水域救援行动中，如果突然出现身体不适，要立即发出求救信号，寻求他人帮助。如果没有人响应，自己则必须要冷静，并设法自救，这种方式称为"水中自救"。

1. 利用漂浮物求生

水上漂浮物很多,如救生圈、救生袋、救生枕、木块(板)、手提袋、球类、面盆、手提箱等,都可用于漂浮求生。

2. 徒手漂浮求生

利用人体本身的浮力在水中漂浮自救,是一种用最少的体力,在水中维持最久生机的方法,其方式很多,如水母漂、十字漂、仰漂、鱼鳍式、双手韵律呼吸、单手韵律呼吸、单脚韵律呼吸等。

徒手漂浮也是一种紧急情况下逼不得已而采用的方法,在救援过程中,绝不能自认为有体力,水性好,就盲目而不携带救生装备徒手营救,这也是水域救援中出现危险的主要原因之一。

紧急情况下,在水中漂浮要比在水中游泳能维持更长的生命时间,所以在水上漂浮要镇定、坚韧,才会有希望与机会脱险。

3. 利用自身的衣裤求生

当我们失足落水时,大多是穿着衣服的,穿衣服在水中活动,对漂浮虽有很大的障碍,但是衣服也可作为求生工具。

当落入水中后,首先要保持镇定,然后将外衣(大的外套,如西装、大衣、风衣)脱下,其次脱掉鞋子。主要有以下几种方法:

(1)衣服漂浮法

将第一个扣子扣紧,吸气吹在第二个扣子里,如此背部可浮起一个大气泡,如图 6-33 所示。

图 6-33 衣服漂浮法

(2) 上衣漂浮法

将衣服脱下，扎紧衣袖，再将胸部扣子反扣，抓着衣角，扑向水面上，如此胸前可浮起一个大气泡，如图 6-34 所示。

图 6-34　上衣漂浮法

(3) 裤子漂浮法

将裤子脱下，扎起两裤管，向裤管中打水，空气充入，握紧裤腰利用其漂浮，如图 6-35 所示。

图 6-35　裤子漂浮法

4. 水中抽筋自救

抽筋是人在水中活动时，肌肉突然僵硬而疼痛难忍的现象。如无人救援，则必须自救。人体经常发生抽筋的部位包括脚趾、小腿、大腿、手背、上臂、腹部等。发生抽筋的原因大部分为寒冷、肌肉受刺激、肌肉受压迫、肌肉太疲劳、肌肉血液不流畅与缺氧等。

抽筋自救的方法，主要是放松与搓压法，特别是局部抽筋，按摩效果甚佳（热敷恢复最快）。如在水中，可利用水中漂浮技术，将抽筋的部位拉直，可以很快地复原，如图 6-36 所示。

图 6-36 水中抽筋自救

CHAPTER 7

第七章
急流救援技术

急流救援是指在流速较快、危险性高、救援环境复杂的水域中开展的救援行动。在湍急的江河流域或其他救援环境中，由于桥梁、涵管、大坝、闸门、跌水等水工建筑物和过流断面、河床底坡、巨石等自然因素破坏均匀流，造成流速、水深的沿程变化，产生了明渠非均匀流动。

第一节　河流基础知识

一、河流方位辨识

① 河流上下游是以水流的方向为基准，上游是指水流过来的方向，下游是指水流过去的方向。

② 河流左右岸是以下游方向为基准，救援人员面朝下游方向，水流的左边为左岸，水流的右边为右岸，见图 7-1。

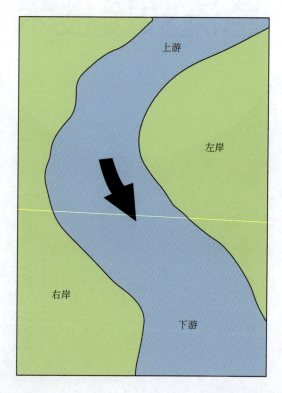

图 7-1　河流方位辨认

二、主流域

主流域是指河道中水流往下游流动的主要水流域，常出现于河道中央，主流域的流速从底部到表层均不相同，通常越接近水面流速越快，水底的流速则较缓慢，这种情况又称为"分层流"。主流域主要特点为水面无障碍、水最深、水面流速快。

三、水流基本力学

① 水流的流速单位是 m/s。

② 流量计算：河道宽度 × 河道深度 × 流速＝流量（m^3/s）。水流速度估算：选择主流域水面漂浮物为参照物，往下游测量一定距离的河流长度，观察漂浮物通过这段距离的时间，其流速等于河流长度/时间。

③ 水流对同一个障碍物产生的力取决于水的流速，水的流速加倍，水流力量则增大四倍，水流力量的增比是根据平方的法则。同时水流对障碍物所产生的力还受障碍物在水面以下的竖直横截面积影响，相同流速下，障碍物在水面以下的竖直横截面积越大，受到的水流力量就越大。如表 7-1 所示。

表 7-1 流速与承受力的估算关系表

水流速度/（m/s）	所承受的水力 /kgf	
	脚	躯体
1	7.6	15.2
2	30.4	60.7
3	68.4	136.8
4	121.8	243.7

如果河道由深变浅或由宽变窄，每秒水容量不变，则水流速度增加。

四、常见的危险水域及脱困营救技巧

1. 覆盖流

覆盖流是由河道往下游急速变窄，主水流被推向底部，支流被强压至河道边际撞击弹回，重新覆盖主水流所形成的。救援人员以保护式泳姿快速通过覆盖流，通过时手掌外翻，防止覆盖水流冲击，保护脸部。

2. 白色水域

白色水域是指急流和障碍物碰撞后，产生白色气泡的水域，在河道中很好辨认。该水域多为不规则浅滩，河道内有很多碎石，水深较浅，水流速较快，在经过河道内碎石时产生很多气泡以及漂浮物，不适合在此处进行救援行动，应该想办法避开。

3. 微笑流

微笑流是由于水流撞击河道中水面障碍物，造成水流由中央流向障碍物两侧与底部而产生的。碰到此种水流浮力不足时，水流会将物体冲吸贴住障碍物并往河床底部拉扯，很容易被水流牵引卷入底部。

微笑流脱困与救援：当救援人员浮力足够时，以急流保护式泳姿漂游而下，头朝上游，目视下游，双脚微弯，在接触障碍物时，双脚将身体向障碍物两侧踢出，顺流离开。如果人员被困微笑流欲脱困时，面对障碍物双手往顺流方向推出，即可离开。

如果人员或船只被水流冲击于障碍物无法行动时，操控机械动力舟艇定位于该水流上游约10m处，以Z字形驾驶法，定位于在障碍物前切挡水流，待水面流速变缓，该人员或船只即可顺水流往下游流出。

救援人员也可从障碍物上方制高点抛掷救援绳，往顺流方向牵引脱困。

4. 皱眉流

皱眉流是水流面对下游方向撞击平面障碍，因地形障碍的影响，导致外侧水流汇集到中央而产生。此水流非常危险，应该想办法避开。

皱眉流脱困与救援：无法闪避时，以急流保护式泳姿漂游而下，头朝上游，目视下游，双脚微弯，在接触障碍物时，双脚抵触障碍物破坏直线水流推力，再顺水流往下游流出脱困。

人员或船被水流冲吸于障碍物时，操控机械动力舟艇定位于该水流上游约10m处，以Z字形驾驶定位于在障碍物前切挡水流，待水面流速变缓，人、船即可顺水流脱困流出；人员受困除以上动作外，还可以抛掷救援绳包脱困。

5. 翻滚流

急流盖过障碍物时，于瞬间落差1m以上的下游出现；这是上游顺流而下的强劲水流，遇到落差后与底部水流反弹上冲交汇形成。

翻滚流脱困与救援：河道水面会突然出现翻滚现象，很容易辨识，目视河道下游方向出现翻滚现象时，迅速往旁边支流避开。

陷翻滚流脱困时，须有足够浮力的全套急流救援装备，交互运用保护式与攻击式泳姿，即可顺流离开。

如人员陷于翻滚流时，操控机械动力舟艇定位于该流下游翻滚区以外安全位置，以抛掷绳包或活饵救援等方式，顺水流使力拉出受困人员。

6. V 流

V 流的形状尖端在上游处，是水流冲击多个水中障碍物所形成的。V 流从水面很难发现，但若看见多个障碍物集于急流中，应立即避开此流域。如人员或船被 V 流冲吸于障碍物时，操控机械动力舟艇驶于该水流上游约 10m 处，定位于障碍物前切挡水流，待水面流速变缓，该人员或船只即可顺水流脱困流出。

7. 倒 V 流

倒 V 流的形状尖端指向下游，倒 V 流是由于水流过两个障碍物之间而形成。河道中间水流特别快也最深、无障碍物，可快速通过。河道两旁布满大小障碍物，应小心避开。

8. 漩涡流

当水流被迫绕着岸边转弯处、凹陷区域或障碍物时，即会形成漩涡，该水流极易让人员或物体无法自然流出。

人员陷住脱困方法：由岸边顺漩涡游往上游与主水流交汇处，再以（45°角）头部朝上游以急流攻击式泳姿向主流域方向快速游离漩涡区域。

9. 回流区

水流经过障碍物（礁石、桥墩、倒树……）时，由障碍物两侧经过，此时障碍物的两侧水流速度会加快，在障碍物正后方形成滞空回流。回流区可以成为急流救援人员休息、观察、待援或延缓被冲往下游的运用区域。

第二节 急流救援技术

一、急流救援原则

急流救援原则，包括科学充分开展评估，制定多套施救方案，实施救援简洁迅速，多重安全措施保障到位。

要完成成功的救援，需要注意以下事项：

① 尽可能避免入水；

② 游泳须避开风险区域，以及其他危险；

③ 保持和及时补充救援队员的体能；

④ 穿戴好防护装备，保护人员通过；

⑤ 合适的救援路径；

⑥ 选择最安全的区域通过；

⑦ 如果有任何疑虑，不要轻举妄动，救援人员的安全始终都是最重要的。

二、岸上救援技术

① 接触救援：接触救援分为徒手救援和递物伸展救援，就是救援人员在岸上徒手救助不慎落水，被困于水中等待救援的人员。施救过程中救援人员要抓紧岸边固定的物件或以同伴协助稳定重心，避免滑入水中。救援人员应保持注视待救者，并将身体重心尽量降低，俯伏在地上。

② 抛绳/物救援：将绳索或者助浮物抛给被救者，抛绳时要将绳索抛在被救者伸开双手可触及的范围内。当被救者双手紧握绳索或助浮物后，迅速将其拉上岸来。当水流过大时，被救者抓握住绳索后，也可顺着河流，利用钟摆原理使被救者漂向岸边。

③ 水面拦截救援：将水面拦截网布置在河流中，对水面漂浮的被救者进行拦截，并实施救援的方法。在使用水面拦截网时，必须注意水流速度和充分考虑拦截网的固定、入水深度、架设地点以及如何更好地回收等因素。不要将拦截绳与水流方向垂直，以免被救者因绳索瞬间拦截力而受到二次伤害。水面主绳的架设应与水流方向呈一定倾斜角度。如果水流流速太大，可以使用两条拦截绳进行施救，第一条拦截绳减缓被救者向下游漂流的速度，第二条则是负责救援被救者上岸。

三、团队涉水横渡救援技术

团队涉水横渡救援技术主要用于水流缓慢的浅水区域，救援人员能安全下水，水深约腰际以下，且必须涉水横渡到对岸才能救助伤员的情况。团队涉水横渡救援技术主要分为单人、双人、三人及多人等涉水横渡，见图 7-2。

① 单人涉水横渡：横渡人员面朝上游方向，一脚在前一脚在后呈弓步状，采用探步的方式，缓慢试探河床深浅并确定有无障碍后踩踏稳步前进，也可以使用竹竿、桨叶等工具进行探路，当水流过大时，双手左右拨水辅助保持身体平衡，如过深时须后退另寻路线。

② 双人涉水横渡：后者双手紧握前者 PFD 肩带，双手小臂紧贴前者背部用力顶住，将身体重心压向前者，通常由身体较为健壮者站在前面。动作要领与单人相同，行进时两人脚步要一致，可用口号"一二一"来统一步伐。

③ 三人及多人涉水横渡：三人涉水横渡时，后两人并肩站于前者身体后侧，内侧手紧握前者 PFD 肩带，小臂顶住前者背部，外侧手拉紧前者 PFD 外侧下摆。多人涉水横渡时，两侧人员手部动作同三人一致，后者双手分别抓住前者 PFD 内侧肩带，动作要领与单人相同，行进时所有人脚步要一致，可用口号"一二一"来统一步伐。过多人员横渡时，排成纵队行进，人接触水的面积越小，所承受的力也越小，聚集在一起的人能发挥最大的力量。

图 7-2　浅水区域涉水横渡救援技术

四、急流救援入水方法及泳姿

（一）入水方法

① 平跳式：常用于快速进入水面，适用于深水区域或无障碍水域。站在岸边，朝着上游方向成 45°角，双腿并拢呈跳远姿势尽量远地跃出，在空中切换平跳式动作，一只手举起尽量往前伸，另一只手外翻横举在面部前

10～15cm，保护面部入水时不受冲击受伤，两只手入水后顺势划水转换为攻击式泳姿，向目标方向前进。下半身屁股夹紧，双腿并拢，脚腕绷直，整个身体呈现一条直线状态，平平地拍向水面，用胸前的PFD来最先接触水面，承受最大的冲击力。

② 静入式：适用于浅滩或浅水区涉水，动作要领与平跳式一样，静跳入水进入主流域后，迅速切换为攻击式泳姿。

③ 打桩式：与水面距离不超过1m，在有足够水深的情况下使用。双手交叠于胸前并用手掌遮盖口鼻，将一只脚向前踏出后双脚并拢伸直，将身体稍稍前倾。入水救援时必须以牛尾绳作活饵保护。

（二）急流泳姿

① 攻击式泳姿：在急流中快速前进或进入特定目标区时使用。动作要领：头朝上游方向，身体与上游方向成45°角，头微抬，目视目标，手臂呈自由泳姿态，下半身尽量抬高，且双脚一定不能像自由泳般打水，容易撞击到障碍物而受伤。

② 防卫式泳姿：当体力不足时，或者时间不紧迫，可以边观察下游障碍物边进行游泳。动作要领：头部尽量平躺，手呈仰泳姿势划水，膝盖微弯，腿部抬高，且一定不能像仰泳般打水，容易撞击到障碍物而受伤，身体也要与上游方向成45°角。

③ 保护式泳姿：长时间漂流或者下游有障碍物时与攻击式切换使用。动作要领：双手紧紧抓住PFD两侧肩带，头朝上游，目视下游，腰部使劲屁股抬起，双脚微弯，抬于水面，保持身体为接近水面的水平姿势。若遇障碍物则运用双脚抵挡来避开，如需改变漂流方向或减缓流速时，可采取防卫式泳姿以双手助游。

④ 换气动作：看准在波浪间换气，浪头前吸气，用双手遮掩脸部挡水，浪峰上放松休息，过浪后观察下游前进，遇较大波浪时，以双手手掌外翻挡水保护脸部。

（三）回流区运用

回流区形成于急流中突出水面的障碍物或岩石后方，在急流中为休息、观察或等待救援的运用区域。进入回流区前以保护式泳姿漂流观察，待身体流向与障碍物平行，立即转身以攻击式泳姿朝回流区以45°角进入。

（四）急流"活饵"救援技术

当人员被困于礁石区或危险水流中，无法通过抛绳等方法救助时，可利用舟艇接近被困人员后用活饵救援的方法救援。活饵救援指利用救援绳索和救援人员连接，救援人员直接下水进行救援。动作要领如下：

① 舟艇抵达救援区域后，正面顶浪，定住船体位置；

② 活饵救援攻击手抓住舟艇位于浪谷的时机，跳入水中并以攻击式泳姿接近被困人员；

③ 活饵救援攻击手接近礁石时，要注意控制，避免被波浪冲击而撞击礁石；

④ 活饵救援攻击手接触被困人员时，引导或协助被困人员穿好救生衣及头盔等装备；

⑤ 当准备带领被困人员离开礁石区域时，抓紧被困人员肩带，用哨音和手势信号通知艇上救援人员回收活饵；

⑥ 船上救援人员先操控船体往外移动，让舟艇及水中人员先行离开礁石及碎浪区后再回收绳索，将救援人员和被困人员救至艇上。

注意事项：船上救援人员至少应有驾驶员、保护手和攻击手等，既可操作活饵，又可维持适当重量压艇破浪。停船位置不可太靠近礁石，以免受到波浪拍打，无法脱离礁石区。

五、沸腾线救援技术

① 沸腾线的定义：产生于人工建筑物拦沙坝、拦水闸、低水坝等下方整面河域处，水流以快速上下卷绕方式困住人员与物体，是极度危险的水流。

② 沸腾线脱困与救援：脱困方式是以保护式泳姿顺水流方向漂流，待水流再度往顺流推挤瞬间，朝下游以45°角攻击式泳姿游出危险水流区。

③ 救援方式：河面宽阔时以机械动力艇从下游接近，目视离沸腾线约10m，以抛绳包或救生圈扣加绳索对准受困者抛掷，待受困者接获后，操控机械动力艇后退，缓缓将受困者带出危险水流区，再由机械动力艇上救援人员拉回绳索带上艇。短河道时以活饵救援方式进行救援，需由岸上人员保护，再以安全模式下水救援。

六、急流绳索救援技术

（一）抛绳包救援

1. 救援方法及步骤

① 选择长度足够的绳索（例如抛绳）或助浮物等。
② 大声呼喊及发出信号，引起溺水者的注意。
③ 向溺水者表示将会抛出绳索的一端或助浮物。
④ 站在安全位置。
⑤ 留意风向及水流情况。
⑥ 把该绳／物抛至溺水者伸展双手可触及的范围。
⑦ 注视及安慰溺水者，选择一个安全位置登岸。
⑧ 若绳索一端未能成功抛至溺水者，应立即整理，然后再次抛出。
⑨ 指示溺水者双手紧握绳索或助浮物。
⑩ 指示或协助溺水者登岸。

2. 适用范围

适用于各种水域需要迅速救援，但距离岸边较远的待救者，所需装备包括绳、浮标等。

3. 在水域中握绳方法

① 当接到绳后，双手紧握该绳并放在胸前。面向下游，双脚亦应顺着水流向下游流动。

② 此外，不应用绳子在身上任何部位打结，这只会令身体被水流压入水中，不能及时解困。

③ 如水流湍急、风浪较大，头部不能维持在水面上，溺水者可能会被水呛到和感到恐慌。此时，可将一只手紧握绳索并放在胸前，另一只手则紧握绳索较高位置并放在头部位置，目的是使头部较容易维持在水面上，以保持呼吸及避免被水呛到。

当溺水者双手紧握绳索后，救援人员需根据现场环境，固定或移动自己的位置，以免溺水者撞向大石或障碍物。让溺水者顺着水流以"钟摆式"漂向岸边，并及时将其救上岸。

（二）洪水中的艇上救援

1. 救援方法及步骤

① 救援人员可以在两岸合适的位置设定高置绳。把绳的一端绑好作固定

点，而另一端则可用机械增益方法将绳拉直。

② 在高置绳上穿上滑轮，使其可在绳上左右移动。

③ 另外，两边均须有引端绳，以控制橡皮艇左右移动。

④ 穿上另一个滑轮，再穿上一条救助绳，使橡皮艇能够前后移动。

⑤ 用安全钩连接橡皮艇。

2. 适用范围

此方法主要适用于急流水域中的孤岛救援，也可用于缓流水域救援。

（三）V型垂直救援

1. 救援方法及步骤

① 如两岸距离较短，可用抛绳法，先以细绳连接大绳，再把救助绳（双绳）牵引过河，并将绳连接在对岸的固定点，以稳固绳索。

② 多名救援人员组成拉绳队，在岸边做好机械增益装置。然后，拉绳队拉动机械增益装置的绳索，将高置绳拉至适当位置，并在该绳穿上一个双滑轮后，在两边连接引端绳，以便在两岸控制双滑轮左右移动。

③ 到达被救者的上方垂直位置时，在机械增益装置一边的救援人员可以慢慢释放高置绳，让高置绳缓缓下降，使救援人员下降至目的地，接触被救者。

④ 当救援人员成功稳定待救者后，拉绳队便会拉动机械增益装置的绳，并使用机械增益装置将高置绳拉高，直至救援人员与待救者离开被困地点。随后再拉引端绳的一端，将他们拉回岸上。

⑤ 在整个救援过程中，必须指定一名救援人员负责操作保险绳上的紧急制动装置，以便在机械增益装置组合或岸边的固定点损坏或失效时，保险绳立即发挥作用，将高置绳固定，以确保安全地进行救援。

2. 适用范围

此方法适用于急流水域中孤岛救援事故。如被救者被发现在水域中的大石上等待救援，而救援人员即使涉水或划橡皮艇都不能接近被救者，又或直升机不能接近现场环境（例如架空电缆或石涧上布满密林等），则可以使用此方法进行救援。

3. 说明

① 绳索负重后所形成的不同角度与两边固定点承受力的关系。使用绳索救援时，内角角度应尽可能不超过120°。

② 机械增益。在水域救援行动中，救援人员经常使用机械增益装置把被

救者救出，其优点是能够节省人力及提高救援效率。

（四）T 型垂直救援

1. 救援方法及步骤

① 救援人员离开岸边前，要用扁带固定在双滑轮上。

② 当救援人员与伤者的位置垂直时，在对岸控制引端绳的人员要将其引端绳固定。

③ 拉绳队拉动救助绳，将救援人员轻轻拉起，让他将扁带的安全钩松开。

④ 放下救助绳，使救援人员从高置绳下降，到达被救者位置。

⑤ 当救援人员成功稳定待救者后，拉绳队便拉动救助绳，将他们拉上来，直至到达高置绳。

⑥ 救援人员立刻将扁带的安全钩扣在双滑轮的安全钩上。

⑦ 之后拉绳队可以放下救助绳，将两人的重量转移至高置绳的安全钩上。

⑧ 对岸负责引端绳的队员可以松开引端绳，让另一边岸上的救援人员将两人拉回岸边。

2. 适用范围

此方法适用于峡谷、急流水域，如被救者被困于深谷之中，不能使用 V 型垂直救援时，便可以利用 T 型垂直救援，垂直下降接近被救者。

七、急流救援哨音及手势

1. 哨音

一声长哨音，手臂举起：提醒注意。

二声长哨音，指向上游：看上游。

三声长哨音，指向下游：看下游。

连续三声短哨音：有状况。

2. 手势

如图 7-3 所示。

靠右：右手平举。

靠左：左手平举。

靠中间：双手高举，掌心相对。

停止：双手前平举、掌心朝前（双手平举、掌心向下）。

求救：单手高举摆动。

OK：单手放头顶。

第七章 急流救援技术

图 7-3 急流救援手势图

CHAPTER 8

第八章
舟艇救援技术

舟艇是水域救援中最常用的救援装备,广泛应用于各种水域、抗洪抢险、城市内涝等灾害救援中,在人员救助和物资转运方面,具有灵活、迅速等优点。舟艇按动力类型可分为动力和无动力两大类,按材质分为玻璃钢材质、塑料材质、橡胶材质和金属材质等四大类型。

第一节 无动力橡皮艇救援技术

橡皮艇救援通常在被困者受困沙洲、河道等距离较远的水域环境中使用,具有携带方便、适用性强、拆卸组装灵活等特点。

一、操作要领

① 划桨时须同心协力,由指挥员统一指挥。
② 下半身坐于船身内侧,双脚分开以脚掌顶固定物稳住身体,如图 8-1 所示。
③ 出桨时保持桨面平衡,切水以 90°为标准,切记不能切水太深。
④ 不可将腿部跨出船身,避免单脚置于船身外侧碰撞障碍物而受伤。
⑤ 从上游下水划向救援点,船身与水流方向呈 45°角行进,将受困者救上船后,给其穿上救生衣,再将受困者置于船内中间位置确保安全返岸。

图 8-1 无动力艇控制技术

二、舟艇下水

寻找岸边平稳地形,在溺水者或被困者对岸的上游方向,根据水流速度实际情况,选择合适距离及地点作为舟艇入水点。

三、舟艇翻覆自救技巧

救援舟艇遇到急流中的大浪、障碍物、河道转弯处等时，极易翻覆。当舟艇翻覆时，必须快速翻正，恢复舟艇前进或救援能力。如图 8-2 所示。

舟艇翻正动作如下：

① 舟艇下水前须于船中央两侧，固定绑紧 8m 长的翻舟保护绳索。

② 1 名翻舟人员快速游往翻覆舟艇，抓住绳索、手使力、挺腰、腿夹水，一鼓作气登上翻覆舟艇，与落水人员合力将舟艇翻正。

③ 1 名登舟人员在翻覆舟艇即将翻正时，抓住舟艇中央绳，待翻覆舟艇翻正后，该人员可第一时间进入舟艇内，并协助其他人员返回舟艇。

④ 数名舟艇人员在翻覆舟艇即将翻转时，在水面以船桨顶舟，让翻覆舟艇离开水面张力，舟艇人员同心协力翻正，并迅速上舟艇取桨控制方向。

图 8-2 翻艇自救技术

注意事项：

① 如舟艇翻覆时人员被舟艇正面翻盖，因舟艇正面翻盖内有空间，可轻易抓住舟艇边绳，顺水流钻出脱困。

② 如舟艇底部翻盖时，应以双手紧贴舟艇底部，手掌（顺水流）使力，即可轻易推出舟艇底部脱困。

四、无动力橡皮艇手划操作

① 橡皮艇于急流中容易翻覆，救援人员应将橡皮艇快速翻正，如船桨流失，此时应运用人体动力手划橡皮艇，让人员与橡皮艇能快速闪避急流中的

障碍物，并安全靠岸。

② 救援人员运用人体动力控制橡皮艇方向，以手代桨并运用人体重量压橡皮艇转向，如图 8-3 所示。

③ 以手代桨划行时，人体应紧贴橡皮艇内侧上方，一手往橡皮艇外以手掌深度划行，另一手紧握橡皮艇边绳固定身躯。

④ 腿部夹住橡皮艇上边内侧，单腿置放于橡皮艇上边，另一腿置于橡皮艇内部支撑。

⑤ 橡皮艇上须有人统筹口令指挥，控制橡皮艇航向安全流域靠岸。

图 8-3　以手代桨控制技术

第二节　IRB 充气式橡皮艇救援技术

IRB 是英语 Inflatable Rescue Boat 的简称，翻译为充气式机械动力橡皮艇，广泛应用于非传统救援环境和情形，是目前水域救援最常用的救援装备，具有可徒手搬运、快速组装拆卸、机动性强、救援效率高等优点。

一、常用橡皮艇的组成和参数

1. 橡皮艇配置

救援橡皮艇尺寸，长度有 3.6m、3.9m、4.3m、4.7m 四种，宽度有 1.7m、1.9m 两种，浮筒直径有 0.4m、0.5m 两种；船重 80～100kg，载重约 500kg；气室 5 个、船桨 2 支、排水阀 1 或 2 个、船外把手 4 个、艇尾机绳 1 条、油箱绳 1 条、打气筒 1 支、船头绳 1 组、翻艇绳 1 条、工具包 1 组。如图 8-4 所示。

2. 救援人员装备携带

硬式头盔、救生衣、救生绳袋、救生杆、救生圈、救生浮标等。

图 8-4　橡皮艇配置图（仅供参考）

3. 舷外机

常见急流中使用的机型有 18P、25P、30P、40P 等。急流中救援或训练时，要在舷外机的螺旋叶片加装保护罩，防止意外发生。

4. 油箱

分为硬式油箱和软式油箱。

二、保养及维修

（一）使用前检查内容

① 启动舷外机之前应先检查燃油是否充足。

② 检查混合比例是否正确，混合比例应为 50∶1。在新机器前 10 个小时的磨合时间，混合比例为 25∶1。

③ 检查油箱接头、油管、舷外机油路有无漏油。

④ 检查螺旋桨叶片有无断裂或弯曲，螺旋桨螺帽及安全插销有无松脱。

⑤ 火花塞部分，检查清洁程度及间隙；积炭过多或间隙不标准（0.35～0.55mm）均会对舷外机造成故障。

⑥ 使用完毕后及时清洗和保养。

（二）舷外机操作及注意事项

1. 舷外机安装

舷外机搬运方式为单人上肩或多人协同搬运，将舷外机固定至尾板，旋紧并将固定绳穿过把手，防止舷外机在操作中因螺栓松动掉落水里。

2. 舷外机操作

如图 8-5 所示，舷外机安装好后，先启动舷外机检查冷却系统是否正常及油门加油时功率输出情况，并检视各部零件是否正常，如为正常方可开始操作船艇。

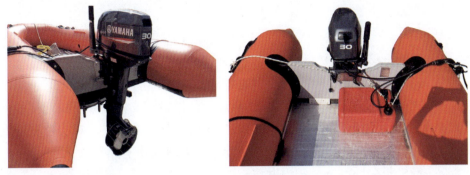

图 8-5　舷外机安装效果图

3. 舷外机沉没处理

假如舷外机意外落水沉没，应尽可能做到完全的细部拆解修理工作，否则舷外机内部将会严重生锈腐蚀。意外落水后应采取下列紧急措施：

① 将舷外机尽快抬出水面，用淡水冲洗所有部分以洗去盐分、泥土、海草等；

② 拆去火花塞、化油器、泄油孔及滤清器，倒出缸内所有积水；

③ 倒入润滑油至缸中，转动飞轮盘，使润滑油附着于每一缸壁上形成油膜，再将舷外机翻过来由化油器倒入机油，再次转动飞轮盘使化油器亦充满润滑油形成油膜；

④ 尽快将舷外机送至就近经销商修理。

4. 故障排除方法

① 发动机无法启动：检查燃料系统、点火系统、电气系统是否故障。

② 发动机无法熄火：检查线路是否短路、熄火钮是否损坏、电子点火器是否损坏。

③ 燃料正常但动力不足：检查化油器、燃料泵和油箱、引擎过热、下盘装置等问题。

④ 发动机点火不顺畅：检查火花塞、点火系统。

⑤ 舟艇性能不佳：检查发动机调校是否合理、螺旋桨是否打空气（打不到水而空转）、舟艇的吃水深度问题。

⑥ 舷外机挡位错乱：检查舷外机挡位连接杆是否未连接或连接错误。

⑦ 发动机没有任何反应：检查线路是否正确、整流器整流子是否损坏、

电线圈是否短路或断路。

⑧ 发动机不能启动：检查启动线路是否正常、启动器所需电流是否过量。

（三）使用后维护保养

1. 舷外机移除要领

首先拆掉固定在船尾板上的固定螺栓，并松掉舷外机固定架上锁定螺栓，再将舷外机从船上以直立状态移至岸上，以机脚支撑，双手扶着使舷外机直立于地上，排干机内残水。搬运时应小心勿使桨叶受损，缸头位置应始终高于桨叶位置。注意检查冷却水吸入部位及螺旋桨上有无异物。

2. 舷外机循环清洗及油箱拆除

① 拆卸舷外机上油管接头，使舷外机继续空转至自动熄火为止，使化油器内残油用光，避免因汽油在化油器内长久未使用而造成下次启动不易的情况。

② 舷外机本身在使用后应以清水循环方式清洗，使海水或污泥排出舷外机，防止年久生锈。

③ 注意检查冷却水吸放口是否正常运作。

④ 检查油管快速接头是否正常，有无因砂石或锈蚀影响滑动，必要时涂刷润滑脂。

⑤ 油管两侧快速接头在保存时应用适当物品套住，以防灰尘侵入。

3. 舷外机定位存放

① 舷外机应使用固定架直立式放置，勿横躺于地面，如图8-6所示。

② 舷外机内部应使用润滑油保养。

③ 舷外机外部应擦拭保持清洁。

④ 使用后应于黄油加注处施以黄油润滑。

⑤ 舷外机应放置在阳光不易暴晒、空气畅通的场所。

⑥ 应使用外壳保护套。

（四）舷外机保养方法

① 舷外机使用于海水或污染水域后，应用淡水予以清洁，舷外机内部冷却系统亦应清洗使冷却效果维持正常。

② 检查燃油是否为汽油加二冲程专用机油的混合油，混合油比例为50∶1（磨合期内为25∶1）。

③ 应保持化油器、舷外机本体燃油过滤器清洁。

图 8-6 舷外机定位存放图

三、IRB 救生艇基本操作

（一）操作舟艇前注意事项

① 舷外机及组件是否完整好用及固定妥当，为避免 IRB 翻覆时，舷外机与油箱脱离艇体并沉没水底或漂流遗失，应以保护绳绑在舷外机驱动轴罩上并与艇体连接，油箱置于艇体内，亦需以保护绳固定于艇体。
② 汽油与二冲程机油比例是否正确，以及是否有添加油料。
③ 确认油管方向，以及快速接头是否确实接妥卡紧。
④ 确认舷外机倾斜高度及舷外机停止拉线是否夹妥。
⑤ 挡位是否在 N（空）挡。
⑥ 翻艇保护绳、备用桨是否固定。
⑦ 其他如水平舵的调整及螺旋桨的选择是否合理。

（二）IRB 的基本操作练习

1. 舟艇下水

舟艇若平时没有使用拖船架装载，或是现场没有下船斜坡，而是用消防车顶或卡车装载，先将没有装上舷外机的舟艇移至水边，在各种地形，诸如浅滩河岸，或是有落差的岸际，舟艇入水后，装设舷外机前，先让船尾靠岸，让船头离岸，如此可避免装设舷外机时，操作不慎而将舷外机掉落水中。舷外机装设完成后，再将舟艇转向成船头靠岸，船尾离岸，并视岸际水深，让螺旋桨入水。

2. 发动舷外机及离岸

舟艇准备离岸前，先稍微往外推艇，让舟艇先行浮在水面，驾驶员先行上船，船头需有 1 名队员拉住船头绳或船边绳，避免舷外机尚未启动前受水流冲击而不易控制或流走。确认油管装妥，轻按油管油球送油，检查保险插闩位置，若气温低或舷外机许久未发动，可先拉阻风门稍微阻止进气，增加气缸油气浓度，待稍可听见舷外机启动声后，再将阻风门推回。以挡位在右侧的舷外机为例，发动舷外机时，右手握住油门，左手拉启动拉柄发动之。IRB 操作时至少要 2 人，驾驶员先行上船发动舷外机，待舷外机稳定发动后，乘员再将舟艇外推离岸，切记不可在舷外机未发动时即离岸，以免在水域盲目漂流。舷外机发动前，若发现螺旋桨陷入泥沙中，需先握倾斜手柄及油门杆，将螺旋桨稍微摇晃并拉起螺旋桨，使螺旋桨脱离泥沙，再发动舷外机。舟艇前进时，打开倾斜锁定开关，挂前进挡面向前方加油门方可前进；舟艇后退时，关闭倾斜锁定开关，或一手按压舷外机，挂后退挡面向后方加油门即可后退。

3. 艇内乘坐

舟艇操控时，若舷外机挡位靠右侧，则驾驶员应用右驾，以利行驶中快速换挡，但左驾及右驾都需熟悉，以应对不同型号舷外机及多样的航行方式。驾驶员可坐于右后侧气筒，或半跪坐于右后侧船底板，不论使用何种姿势，必须使操纵杆完整左右移动，而不受驾驶员身体或腿部阻挡，以免行驶时打不出所需要的转弯角度。驾驶员在舟艇中的驾驶位置，应可灵活移动，并可同时维持舟艇航向与速度。舟艇上若包含驾驶员只有 2 人时，需考量舟艇重心及平衡，另外 1 人应以舟艇为基准，坐在驾驶员对角侧气筒，以平衡舟艇。若船上人员达 3 人以上，座位亦应依人数及体重，保持舟艇一定的交叉平衡，平均坐在舟艇两侧气筒，避免舟艇翻覆。如图 8-7 所示。

人员乘坐于气筒时，双手应适度抓握船边绳，重心向内，以免因波浪或舟艇转弯致人体重心不稳而摔出舟艇。乘员脚部应注意勿穿过任何绳索及油管，以免摔出舟艇时，脚部受制于绳索无法脱离，致没入水中时呈头下脚上的姿势。

图 8-7　舟艇人员乘坐图

4. 舟艇转弯

IRB 行驶与陆地开车不同，陆地行车转弯是由前轮角度所控制，而 IRB 引擎位于舟艇最后方，因此 IRB 转向是靠舷外机桨叶偏向后并产生推力而转弯。水是流体，因此 IRB 转弯宜及早取转向提前量，才能获得良好且足够的转弯角度。若在激流中，因地形或障碍物致航行空间狭窄，即需要更小的回转半径，可由驾驶员及乘员同时往左或往右偏移位置，改变舟艇重心，并将油门柄转向打到底，即可使舟艇倾斜而获得更小的回转半径。驾驶员不论是左驾还是右驾，都不可让身体任何部位，阻碍油门柄的转向，否则转弯即会失准，无法实时闪避障碍，易致危害。O 形转弯重点在于舟艇转向前与转向后其船首方向一致。

四、IRB 航行

（一）Z 字航行

多为舟艇需多次往返河流两岸，如多次接驳待救者而往返两岸。另可用于水中救援时破坏水流速度与改变水流方向。操作要领如下：

舟艇虽在河流两岸往复移动，但舟艇往上游或下游移动的幅度小，除非需闪避障碍，否则无须大幅往上游或下游移动。若水流速度缓慢，船首可直接朝向目标航行；若水流速度快而湍急，则需维持舟艇与水流方向的夹角，同时顶流并侧向移动，如图 8-8 所示。

（二）U 字回转

如航行时发现前方有障碍，舟艇紧急调头回转；如顺流而下航行，突然发现前方有危险时，即需快速回转，将船头朝往上游，使舟艇停止往下游移动。也可能是顺流行驶时，发现溺者，立即调头追击。另在顺流而下行驶时，若需要进入障碍物下游所产生的回流区，亦可利用 U 字回转进入。操作要领如下：

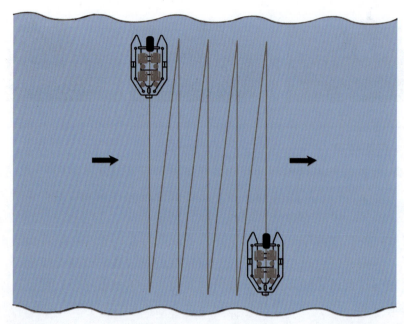

图 8-8　Z 字航行图

U 字回转操作时，舟艇回转半径宜尽可能小，将油门柄转向打到底，顺势往转弯侧压船，再辅以足够的油门推船转向即可，往左及往右转都需同样熟练。

（三）舟艇行进

1. 主流区航行

主流区往往是深度最深的区域，在主流区航行可避免很多水下障碍物，在水流平缓的河流航行，需随时注意水波纹的产生与改变，平缓水域水面下亦存有障碍物。在波浪起伏的主流区航行，若舟艇航行于波浪区中央，舟艇仰俯角度可能会过大，造成乘员重心不稳而位移，间接影响舟艇重心，驾驶员视线易被船首阻挡，不易辨别方向。因此，在主流波浪区行驶，可稍微偏离主流，在主流与浅滩之间，寻找合适水深位置航行。

2. 多重障碍区航行

多重障碍区的障碍可分水面及水下障碍，水面障碍若可识别，宜及早机动闪避，而水下障碍因水质混浊不易识别。在白色水花区域，不是所有障碍都会露出水面，但可从水流起伏及水花来判定水下障碍的位置。舟艇通过此区域，要时时留意舷外机与水下障碍位置的相关性，若舷外机无法闪避水下障碍，需及早将舷外机驱动轴罩与桨叶抬离水面，待通过障碍后再放入水中。

3. 浅滩区航行

浅滩区是指水深度在小腿以下的大面积水域，若通过此区域时发现舷外机底部与河溪障碍相互摩擦，可将舷外机拉起，顺流而漂或人员下船顺势推船。若需以航行速度通过浅滩区，则应调整舷外机吃水挡位，使舷外机吃水深度最浅，快速通过。

4. 动态水域停船

在急流水域中，需时常将舟艇定于急流中，以做水域观察、定位漂流待救者等。所谓动态水域停船，是指舟艇在水中的位置与岸上固定目标参考点之相对位置不变。其操作要领为，驾驶员需将船头朝往上游，适度调整油门及舵向，保持停船位置定在河中某处，随时观察舟艇与参考点的相对位置，并实时修正舟艇位置。

5. 靠岸停船

舟艇靠岸时，应慢速接近岸边，不可快速冲撞岸边，以免船体气囊破裂，或桨叶打击浅滩砾石，驾驶员必须能够停靠于指定的岸边，并减少对舷外机及舟艇的耗损。在激流中靠岸，需先将船头朝往上游，适度减缓舟艇往下游的对地速度，调整船身角度，缓慢靠岸。接近岸边，宜以船体左右两侧前方接近之，待水深度约于膝盖以下时，乘员先行下艇协助固定舟艇，待舟艇停止移动，驾驶员再将舷外机熄火。救生艇救援同样是以救援人员安全准则为考量，救援行动中除了救援人员必须完整穿戴个人保护装备，还必须携带水域救援头盔、救生衣等浮具，救援环境一般可分为湖泊及平静水域、海洋与急流。

五、IRB 救援行动准则

（一）IRB 翻覆自救

① IRB 翻覆时，舷外机与油桶都已确实用保护绳与舟艇连接，即便舷外机自船艉板脱离，油桶及舷外机亦不至遗失。

② 驾驶员及乘员应尽力攀上船底板，并用绳索在船侧单边靠后方位置系上翻舟绳，若舷外机未因翻覆而脱落，则 IRB 靠后侧会较重，因此翻正时，需要 2 人站立于对侧船边，以体重往后拉船，将舟艇翻正。

③ 舟艇翻正后，应立即用船桨操控舟艇，避免舟艇失去动力漂向危险水域。

④ 若舟艇上原本有溺者，则以救溺优先，其次靠岸，修复舷外机等待

救援。

⑤ 在安全区域以翻舟自救方式将舟艇翻正，迅速将人员救上船，舷外机故障排除后迅速开上岸，如无法排除故障则用船桨划上岸或等待救援。

⑥ 在危险区域，通常在准备接近待救者时因水况不佳或对急流水域不熟悉，舟艇可能会翻覆，此时应尽量逃离危险区域，避免人被水流连舟艇一同带进危险区域，迅速游离待救或自行游上岸。

（二）舟艇可接近待救者

1. 湖泊及平静水域

① 舟艇发现待救者时，驾驶员依引航员引导操控舟艇航向，并以舟艇左、右前方侧边接近待救者。

② 接近待救者时驾驶员应放慢船速并转空挡，由救援人员以高跪姿往外准备拉住待救者。

③ 救援人员拉住待救者后以身体往后的力量将待救者拉进船上。

④ 当待救者身体进船后驾驶员也可以帮忙，等待救者完全进到船上后，协助待救者穿上救生衣，再迅速安全离开。

2. 海洋水域环境

① 舟艇发现待救者时，由船上引航员指导驾驶员前进方向及左右转向。

② 注意顶浪或依 Z 字前进，随时注意舷外机是否因浪头过高而空转。

③ 接近待救者时驾驶员的速度应放慢并打空挡，由救援人员以高跪姿往外准备拉住待救者。

④ 救援人员拉住待救者后以身体往后的力量将待救者拉进船上。

⑤ 当待救者身体进船后驾驶员也可以帮忙，等待救者完全进到船上后，协助待救者穿上救生衣，再迅速安全离开。

⑥ 如救援人员落海可直接以勾手方式，船艇向外以 J 字形回转顺势勾拉上船。

3. 急流水域环境

① 舟艇发现待救者时由下游往上方前进，由船上引航员指导驾驶员前进方向及左右转向。

② 接近待救者时驾驶员应放慢速度并打空挡，由攻击手以高跪姿往外准备拉住待救者。

③ 攻击手拉住待救者后以身体往后的力量将待救者拉进船上。

④ 当待救者身体进船后驾驶员也可以帮忙，等待救者完全进到船上后，

协助待救者穿上救生衣，再迅速安全离开。

⑤ 如果救援失败时，应以待救者为中心往外绕圈至下游，重新救援，勿以船尾在待救者旁边转向或由上游去救待救者。

⑥ 如救援人员落水可直接以勾手方式，舟艇向外以 J 字形回转顺势勾拉上船。

（三）无法接近待救者的情况

1. 海洋复杂水域环境

① 如在礁岩区或消波块前不易靠近待救者时，船头朝向外海，船身正对涌浪并顶浪，可先抛浮具或绳包（亦可使用救生杆、船桨等）至待救者。

② 将待救者拉离或用舟艇将人员拖离危险区域。

③ 舟艇速度应放慢，拖离危险区域后打空挡，其余救援步骤与舟艇可接近待救者的情形一致。

④ 舟艇须注意避免被浪或海流推进礁岩区或消波块，从而造成二次危害。

⑤ 礁岩区活饵救援。

A. IRB 艇上救援人员人数应在 2～3 人，以维持适当重量压艇破浪，若浪高在 0.3m 以下，2～3 人即可；若浪高在 0.3～0.6m，视情况再加 1 人。

B. IRB 抵达救援区域后，以船头正面顶浪，定住舟艇位置。舟艇所定住的位置，不可过于靠近礁岩，以避免受波浪拍打时，无法及时脱离礁岩区。

C. 攻击手在舟艇位于波浪低点时，平跳入水并以攻击式泳姿接近待救者。

D. 攻击手接触礁岩后，首先固定身体，并随时准备应对波浪冲击。

E. 攻击手接触待救者时，以活饵绳将救生衣及头盔拉至待救区，并协助待救者穿戴救援装备。

F. 攻击手确认待救者已穿戴好救援装备，并确实抓握待救者后，以哨音或手势信号告知艇上人员拉回攻击手及待救者。

G. 拉回救援时，不应着急收回活饵绳，而是应先操控舟艇往外海移动，让舟艇及水中人员先行离开危险区后，再收回活饵绳救援待救者上艇。

2. 急流复杂水域环境

① 如遇低顶水坝、过滤器、翻滚流、微笑流、白色水域、多障碍急流区不易靠近待救者时，可先抛浮具或绳包（亦可使用救生杆、船桨等）救援。

② 将待救者拉离或用舟艇将人员拖离危险区域。

③ 舟艇速度应放慢，拖离危险区域后挂空挡，其余救援步骤和舟艇可接近待救者一致。

④ 如待救者落入急流区，可先引导其以安全方式脱离危险区域，再以抛绳包救援，如舟艇离岸很近，可靠岸以钟摆方式将其救上岸。

⑤ 低顶水坝、过滤器、翻滚流、微笑流等危险水域水流会向内吸，舟艇须保持距离并有向外脱离的准备，避免被吸入造成二次危害。

⑥ 翻滚流、微笑流，舟艇亦可于上方约 5m 处以 Z 字形破水流开法使其危险水流暂时消失，待人员脱困后，舟艇再接近待救者。

⑦ 急流 IRB 活饵救援。

A. 急流 IRB 活饵救援是最后才考虑的救援方式，待救者通常为昏迷或无法自救的人员。

B. 舟艇上需有驾驶员、保护手及攻击手 3 人。

C. 驾驶员需将舟艇驶近并将舟艇控制在翻滚流白色浪花下游处，绝不可让翻滚流回吸的水流将舟艇回吸入翻滚流内，否则桨叶将对待救者造成伤害，易使舟艇翻覆。若不慎使舟艇进入翻滚流内，驾驶员应立即回油挂空挡，并拉高桨叶。

D. 驾驶员将舟艇位置定在翻滚流下游处后，攻击手自船身气筒平跳进入翻滚流内，利用攻击式泳姿及水流回吸的力量接近待救者。

E. 不论舟艇位置如何移动，保护手不可让活饵绳缠绕驾驶员，并应适时放长或收短活饵绳，调整合适长度。

F. 确认攻击手紧抓待救者后，舟艇适时远离危险水域，使活饵绳绷紧，并将水中攻击手及待救者拉离危险水域。

G. 待水中攻击手及待救者抵达安全水域后，再将待救者救上舟艇。

CHAPTER 9

第九章
寒冷水域救援

在我国北方寒冷地区，当冬季来临和春季冰雪消融之际，冰面相对脆弱，经常会发生人员、车辆、牲畜等落水事故。据不完全统计，每年有800起以上人员或车辆落入冰面下的事故，70%得不到救助。落水人员如果第一时间得不到有效救援，受失温等各种危险因素影响，产生的伤害往往是不可逆转的。同时救援行动也面临诸多困难，受到环境、气象、器材装备等因素的影响，往往需要花费更长的时间才能完成救援任务。从近年消防救援队伍参与的冰面救援行动来看，有将被困者成功救出的，也有救援失败的，面对冰面救援情况的复杂性和任务的艰巨性，如何加强冰面救援工作，积极进行冰面救援培训，完善和利用救援装备，抢救落水者于危难之中，是我们救援人员应当积极面对的。本章重点介绍寒冷水域的特性及在救援中所涉及的装备、技术、理念，保障冰面救援安全和救援成功。

第一节　寒冷水域基本概述

一、寒冷水域救援

1. 概述

寒冷冬季，在冻结的冰层还没有达到安全厚度时，在冰面行走和活动时，发生事故的概率就比较大。而冰面的结构决定了其承受压力的程度，如果水质比较清洁、杂质含量较少，结冰就比较晶莹剔透，其结构就很稳定，不容易发生破碎、断裂。经实验测定，冰层厚度在10cm以下时，冰面比较脆弱，容易发生冰上落水事故。我国北方大部分地区冬季气温低，自然或人工水域表层会结冰，当人员在冰层上通过时，极有可能发生冰面塌陷，造成人员落水坠冰伤亡事故。近年来，随着极端天气情况的增加，冰面塌陷事故呈逐年上升趋势，冰面救援形势也越来越紧迫。据统计，每年只有20%～30%的冰面救援行动是将被困者成功救出的，基层救援人员对冰面救援知识的匮乏和相应器材装备的缺少，都给冰面救援的成功率带来了极大的不确定性。

2. 寒冷水域救援的基本要素

寒冷水域救援主要是以冰面救援为主，需要专门的冰面救援器材装备和专业的救援技术。寒冷水域救援防止失温是第一要素，救援速度是第二要素，救援技术是第三要素，救援装备是不可缺少的要素。

根据人体在冰水中失温过快的特点，溺水人员在水中停留的时间不能过长，如果超过 10min，被困人员就会出现肢体麻痹、抽筋、全身麻木，失去自救及自主活动能力。如果 30min 以内没有得到有效救援，则生存希望很小。因此，保暖措施是寒冷水域冰面快速救援的首要保证。

3. 人体"失温"的救护

① 失温。人体体温正常值为 36.5～37.4℃，体温低于正常值即为失温。浸泡在冰冷水中过久，人体温度会迅速降低，从而发生生命危险。溪流温度通常低于一般自来水，在中高海拔山区水温较气温低 4～8℃，低温易使人疲累，甚至出现失温现象，再加上水流的流动，更是会快速带走人体热量。根据研究，静水中体温下降速度是空气中的 25 倍，在 7km/h 的流水中，体温下降速度是空气中的 250 倍，因此在进行救援工作时必须时刻注意保温。肌体核心温度低于 35℃我们称之为低温症。

② 在气温 -10℃、水温 0℃环境下，前 5min，落水人员将出现"喘息反射"，即由于过冷休克导致的突然喘息，此时落水人员无法自主屏住呼吸，从而引发高血压和心排血量增加，这一阶段的伤亡大多是由于溺水或心脏病发作；接下来的 15min，落水人员将会吸入大量的水，无法保持游泳或漂浮姿态，抓爬能力减弱，这一阶段的伤亡大多是由于溺水；30min 后，落水人员体温低于 37℃（正常的核心体温），当落水人员的体温降至 36.1℃时，肌肉张力开始受到影响，大多数人在感到寒冷的同时都会感到背部和颈部的肌肉紧张；当落水人员体温低于 35℃时，将出现轻度低温症；在体温 33.9℃以下时，落水人员会出现健忘症，再降 1.1℃到 32.8℃时，就会出现感觉缺失；在体温 32.2℃时，将被认为体温过低，并开始失去颤抖的能力；在31.1℃时，颤抖停止，由于颤抖是人类增加内热的唯一方法，一旦停止，核心温度开始迅速下降；在体温 30℃时，落水人员发生心律失常；25℃时死亡随之而来。

③ 如何救助有意识的低温症患者。

救助方式：检查有无外伤。

A. 减少热量散失。脱掉所有湿衣服，保温措施要做到使患者和外界低温环境完全隔绝。铝箔的救生毯很有必要，它可以反射回散失的热量，注意头部保暖，避免先暖手和脚。虽然患者的手和脚会非常冷，但如果突然加热手和脚，可能会导致患者休克，降低他们的血压，并有可能出现危险的并发症。在包裹患者身体之前，只需加热患者的核心部位。

B. 增加体液和热量。

给患者补充温热糖水。重度失温的人，胃肠不会再消化食物，但是会吸收水分和糖。在给他们任何液体或食物之前，询问是否能吞咽。饮料中的糖有助于增强他们的能量。也可以给他们提供高能量的食物，比如巧克力、能量棒、士力架等同时含有糖和蛋白质的食物，这些食物会被直接吸收进入血液循环，供应必需的热量使患者自己复温。

C. 用物理方式加热。如热水袋、暖手炉等，但要注意过热的物品需要用干毛巾包裹，以免烫伤（不能直接对着患者吹热风，如不能用电吹风、空调），避免直接用温水浸泡体温过低的患者——因为突然暴露在高温下会导致心脏骤停。身体需要长时间稳定地加热。

④ 如何救助没有意识的人员。

如果患者没有生命迹象，如没有呼吸、脉搏，需要进行心肺复苏术。

4. 寒冷水域落水事故的类型

冰上事故的相关统计表明，造成冰上落水事故主要有以下几种情况：

① 在冰上游玩造成的事故。当人员来到冰面玩耍，尤其多人同时在冰面打闹、嬉戏时，冰面承载能力减弱使冰面局部破裂、塌陷，造成人员落水溺亡。

② 从冰上行走通过造成的事故。有人为了抄近道、赶时间、图方便，尤其是较多人员一起从冰上行走或驾驶车辆通过时，最易导致落水事故。

③ 打鱼、钓鱼作业时发生事故。打鱼、钓鱼作业的人员一般为当地的居民，对水域情况比较了解，对水面结冰厚度情况也熟悉，但有时也会因为冰面突发情况而发生意外险情。

④ 其他特殊原因造成的事故。如交通工具事故、自杀等造成的落水事故，由于落水者一般处于受伤或无知觉状态，救援难度较大。

二、寒冷水域救援风险防范

寒冷水域救援主要面临的是冰面、冰水流动、冰川浮冰等环境，救援的风险是寒冷，救援的要求是快速，救援的方式是团队救援技术和器材应用，救援的安全保障是配备合格的装备、器材。

1. 失温是最大危险

寒冷水域救援，采用入水游泳救援措施时，必须穿防寒衣（干式），最大限度减少自己在水中的体温降低速度，或者最大程度确保能在最短的时间内完成救援任务，见图 9-1。

图 9-1　穿防寒衣救援

通常情况下，在 0℃水中，非常容易发生冻伤、四肢僵硬，超过 10min 就会出现全身失去知觉；如果在 30min 内没有得到有效救助，就会有生命危险。所以保暖是寒冷水域救援的关键，失温是寒冷水域救援的最大安全风险之一。

2. 冰面厚薄是最大的隐形风险

在冰面救援时，直接采用冰面接近技术是最危险的措施。救援人员必须对现场进行全面评估、判断，预测冰层的厚薄程度和准确的承载能力。

寒冷冬季，在冻结的冰层还没有达到安全厚度时，在冰面行走和活动，发生事故的概率比较大。经实验测定，冰层厚度在 10cm 以下时，冰面比较脆弱，容易发生冰上落水事故，只有冰层厚度在 15cm 以上时，冰面才是比较安全的，冰层平均厚度达到 30cm 时，其承重能力可保证人员和小型交通工具在冰层上通行安全。而在流动的水域（如江、河等），其结冰特点通常是先从浅水层开始，即先从江河的两岸开始结冰，然后随着气温的不断下降，结冰面逐步向江河的中心扩展，其冰层厚度逐步由厚到薄。流动水域水流非常复杂，表面看似平静，但冰层却薄厚不一，在水流较急的地方甚至形成未冻结的狭长水沟，俗称清沟。春季气温升高时，冰盖消融也会形成清沟，清沟附近冰层薄厚不均，在这种冰面上实施救援行动，很难确切掌握冰层的厚度。另外初冬和春季，江河水面会出现凌汛现象，大量流动冰块在江面形成，相互碰撞、挤压，在河道狭窄处有时形成拥堵，导致上游水面上涨，此时进行救援行动将极其困难。根据以往的经验和寒冷天气开放水域结冰数据，通常情况下，室外气温达到 -10℃ 以下时，河道湖泊等开放水域结冰厚度可达

15cm 以上，如果气温达到 -40℃时，冰面厚度可达到 15～30cm。但根据不同的地理位置，在江、河、湖、海等开放性寒冷水域环境，由于水质、地理等不同而导致结冰的特点不同，结冰的厚薄程度也不同。

3. 快速救援是寒冷水域救援的第一要义

在救援过程中，被困者如果能在最短时间内得到救助，生存的希望就很大。有资料显示，当人在冰水混合物中超过 10min 就会出现肢体麻痹、抽筋等情况，而在 -20℃的环境中，一旦落水 2～3min 就会失去知觉。救援速度取决于救援环境、救援难度、救援天气等条件，以及救援人员的技能、素质和经验等。在寒冷水域环境救援，救援时间越长，救援的难度就越大，救援成效就越差，救援面临的风险就越大，被困者在低温环境下，短时间就会失去自主和自救能力。如果救援队员无法快速直接靠近被救者，在一定程度上会增加救援的难度和延长救援时间，随着时间延长，救援风险也会随之增加。救援人员也会随着救援时间拖延而极有可能出现体力消耗过大，热量消失过快，容易造成冻伤和救援器材损坏，增加救援的难度和风险。但在实际救援中，受现场条件、行驶路线、战斗展开等因素所限，一般很难在短时间内将被困者抢救出来，往往要花费较长的时间。如果因冰面破裂而落水的被困者在一定时间内没有得到有效救助，生存的希望就很小，即使能第一时间把人救上来，也会因冰冻时间长，被困人员同样难以存活，因此如何在第一时间内使被困者得到有效救助是冰面救援的第一要义。

4. 被困者自身因素

事实证明，被困者自身意志和身体状态对救援行动起到重要作用，落水者如果身体条件较差，如有心脏病、高血压等身体疾病，落水后，精神紧张，再受到冰水强烈刺激，导致病情加重，就容易造成溺水身亡。另外，如果遇险人员不会游泳，一旦遇到意外时，惊慌失措、动作慌乱、四肢僵硬等，很快将体力耗尽导致溺亡。因此被困者自身身体健康，具有一定游泳技术和较强的寒冷耐受性，能够坚持到救援人员赶到，往往获救的希望较大，反之则希望渺茫。

5. 突发因素

在救援过程中，各种突发的状况常常给救援人员带来安全隐患。①救援人员如果不注意冰面情况，踏空或冰面破裂就有可能掉进冰水中，给救援人员带来危险；②水下暗流、涡流、较大冰块撞击等情况，也会直接威胁救援人员和遇险者的生命安全；③施救过程中，在接触遇险者时，如果不掌握一定方法和技巧，有时会被遇险者突然抓住不放而拖入水中造成危险。

6. 其他因素

冰面救援行动还受到救援器材的影响，如何有效地发挥救援器材装备的作用，对成功救援起到至关重要的作用。目前我国简单而实用的冰面救援器材装备还比较缺乏，救援主要还是依靠一些相对传统的方法，影响了救援工作的顺利进行。另外受到大风天气、严寒、场地条件影响，易造成救援行动迟缓，时间长，体力消耗大，这些客观因素都对救援行动造成极大的障碍。

三、寒冷水域救援的基本原则

遵循寒冷水域安全、迅速、简单、高效的救援原则，最大限度提高成功率，降低死亡风险，防止人体出现失温、冻伤、四肢僵硬、麻痹或死亡。

① 安全第一，加强救援现场环境观察与评估，维护救援环境安全，制定科学、合理、快速的救援方案。同时考虑多种切实可行的救援预案，确保救援安全和成功率，切忌盲目救助，避免遇险者没有救上来，自己先陷入危险境地，导致整个救援行动受阻。

② 救援人员应穿着合格的救援保暖装备，防止救援时体温降低过快，影响救援质量且可能出现危险。穿好救生衣，系上安全绳，经安全员检查合格后方可进行救援，应尽量避免单兵作战，必须单兵作战时不应超出指挥员视线，同时要保证相应人员接应。

③ 抵近被困者时，有意识地保持救援距离。救援人员接近被困者时需要随时观察环境，防止破坏被困者身边相对稳定和平衡的冰层，否则会导致冰面再次塌陷，给救援增加难度。

④ 接触到被困者后应第一时间给被困者建立正浮力，防止救援失败后被困者再次被困，增加救援难度和被困者的危险。

⑤ 寒冷水域救援讲究时效性，越快到达事故现场，冰面情况变化就越小，救援成功率越高。另外由于寒冷水域救援最大的危险是体温下降过快，如果救援时间过长，救援人员和被救者会出现失温现象，增加危险和死亡风险。为此，救援速度一定要快，选择正确的救援技术，应对实际困难。

⑥ 在条件允许的情况下，可以携带保暖装备为落水者或被困者提供保暖保障，缓解被困者因寒冷带来的二次伤害。

四、寒冷水域救援装备配置

救援装备是救援的前提和基本安全保证。寒冷水域救援装备包括个人装备和团队装备。

1. 个人装备

防寒服、头盔、PFD、前进冰锥、防滑冰爪、抛绳包、割绳刀、救援杆等，如图 9-2 所示。

图 9-2 个人装备

2. 团队装备

救援板、浮力担架、橡皮艇、浮台、照明设备、绳索装备等，如图 9-3 所示。

图 9-3 团队装备

第二节 寒冷水域救援技术

寒冷水域救援技术包括冰面救援、流动冰水救援。开展救援行动前，必须根据现场情况做好全面评估，制定切实可行的救援方案，配备必需的个人安全装备和救援器材，争取在最短的时间内，安全、迅速、简单、高效完成救援任务，切记避免拖延救援时间，做到快到、快救、快撤。

在开展冰面救援时，必须要确保救援人员自身绝对安全，维持周边环境秩序，避免围观人员进入救援场地，防止稳定冰层因过载发生破裂；在救援展开前，首先要评估救援现场环境的安全性、个人的救援能力，制定切实可行的营救方案。其次要全面评估冰面的基本承载能力，至少可以承载一个人的负荷。在救援实施时，救援者通常采取匍匐前进，增加身体与冰面接触面，增大冰面的受力面积，分散身体压力，避免冰面塌陷或破碎而导致救援人员落水；同时必须穿着符合现场实际的防寒救援服和干式保暖服，提高救援人员在寒冷水中或冰面的抗寒、防冻能力，延长可救援时间和保障自身安全。

救援时，要借助专业的救援器材，在团队人员的配合与帮助下，快速救助被救者脱离险境，运输返回。营救被困人员上岸后，要立即对被救者进行失温处理和现场急救。

一、抛绳包救援

抛投救生绳包救援，属于抛过去救的技术之一，也属于间接救援方式，主要是被救者尚具有清醒的意识和自主能力条件下的营救行动。如果被救者没有自主意识，或在寒冷水域等待救援时间超过10min，其四肢麻木或失去知觉和无自主能力时，此救援技术无效，必须要采取其他方式实施救援。如图9-4所示。

当发现有人落水、被困或坠落寒冷水域时，尽量避免直接靠近营救方式，应第一时间选择或采取抛过去救的救援技术措施，而救生绳包抛投或救援杆营救是最快捷、安全和有效的救援方法。但是，这种救援方法也有前提条件，被救者必须处于意识清醒和自主能力状态，并且能配合接住、抓住救生绳包、救援杆，才能安全、有效救援。

图 9-4 抛绳包救援

二、多用途救援杆

多用途救援杆是最通用、最有用、最易于储存和运输的常用工具之一。多用途救援杆有多重用途：①可用于探测冰层厚度，通过敲击反馈声音来确定安全性，提供前进的路线；②帮助和防止救援人员滑倒和跌倒；③在救援人员掉入冰水后可以分散重量；④可以较远距离地进行间接救援，在保证自己安全的前提下进行救援，提高救援人员的安全系数；⑤可利用救援杆前面套索固定住被困者后直接把被困者拉出水面。如图 9-5 所示。

图 9-5 多用途救援杆

三、救援板冰面救援

救援板是适用于寒冷水域冰面救援的运输工具和救援器材，救援板重量轻、底板光滑、接触面积大，十分适合用于冰面救援。当冰面坚实时，救援板可以作为滑板在冰面上移动，一旦遇到冰面破裂或救援人员落水，救援板可以直接漂浮在冰水的水面上,将被困者或溺水者拖带到桨板上,避免被救者长时间浸泡在冰水中造成失温现象。救援板还可帮助救援人员快速完成救援任务,提高救援效率。如图 9-6 所示。

图 9-6　救援板冰面救援

① 动作要领。当发现有人在冰面、流动冰水落水或被困时,救援人员携带救援板(板上系上安全绳),穿戴合格的个人安全和保暖装备,快速向目标接近,要在冰面上采取俯卧划板技术,快速接近救援目标。当离被救者 1～2m 时,重新评估冰面周围环境,选择最安全、可靠和快速的救援技术进行施救。

② 注意事项。接触到被困者后,第一时间给被困者建立正浮力。救援者尽可能在救援板上面进行滑行、拖带和救援,加快救援速度,防止冰面塌陷而落水。万一落水就要借助救援板的浮力,在团队人员的帮助下,将被救者拖带上板,返回岸边或冰面。

四、浮力担架救援

浮力担架是一种具有浮力的、专业的冰面救援器材,由浮筒和篮式担架组成。

① 动作要领。当发现有人在冰窟窿的水域中落水或等待救援时,救援者在同伴的帮助下,系上安全绳后先拖带浮力担架接近冰窟窿洞口边,接近被困者后固定住被困者,防止其沉入水下增加救援难度。然后,把浮力担架一头插入水中,让被困者顺势进入担架后,向岸上救援团队做出 OK 手势,岸上人员合力把浮力担架拉至岸边。如图 9-7 所示。

图 9-7 浮力担架救援

② 注意事项。使用浮力担架救援时，要随时注意冰层变化，防止再次掉入冰水。

五、浮力平台救援

浮力平台是一种专门的水面救援器材，高效、平稳、承载力大，可以面对各种冰面环境进行冰面救援。

① 动作要领。救援人员可以借助浮力平台多种用途的功能，系上安全绳后从岸上出发在冰面上拖行，遇到碎冰，可用桨划行至被困者附近。抓住被困者后，拉入平台。确认安全后，根据情况选择划行或者由岸上人员拖至岸边。如图 9-8 所示。

图 9-8 浮力平台救援

② 注意事项。划行浮力平台时，救援人员需注意自身安全和划行时的团队配合。

六、救援船艇救援

救援船艇作为承载量大的浮力工具,在冰面可以滑行,在水面可以漂浮,是寒冷水域救援的多用途救援装备和工作平台。

① 动作要领。当需要快速靠近被困者,或者距离被困者落水地点较远时,可以选择单人或双人救援船艇,采用动力或人工方式快速划船靠近被困者,迅速开展救援。接近被困者时,要根据现场情况适当保持距离,评估环境安全,迅速抓住被救者双手或肩部,提拉上船,迅速拖带返回岸边。另外船艇还可以结合绳索救援,也是最安全和最实用的救援方法。如图9-9所示。

图 9-9 冰面救援船艇救援

② 注意事项。接近被困者时要保持适当安全距离,抓住时要注意位置,避免脱手造成二次落水,同时必须确保自身安全和救援成功率。

七、浮力救援套环救援

① 动作要领。寒冷水域救援一方面最大的风险是冰层坍塌、破裂或流动;另一方面,被困者可能因为身体状况或者冰面变化急需营救,但救援者往往身着厚重的救援服,行动十分不方便,再拖行笨重救援装备,势必影响救援效率。浮力救援套环,是一种辅助救援设备,轻巧,快捷,可以帮助被困者建立正浮力。其功能是替代救生绳直接救援,救援者携带连接安全绳的浮力救援套环通过冰面接近技术,可以快速靠近被困者,将救援套环扣挂在被救者的腋下,然后通过团队救援人员的协助,使用套环连接救生绳索将其

拖带出受困冰面，再进一步的救护。如图 9-10 所示。

图 9-10　浮力救援套环救援

② 注意事项。救援前要全面评估救援环境和位置，制定符合现场情况的救援方案；救援时要采取措施扩大冰面接触面积；靠近被困者时要尽可能单人行动，以减轻冰面的承载力；救援过程中要正确使用器材，确保连接套环高效救援。

八、无人机救援

① 无人机可以配置各种辅助配件执行多方面救援任务。通过无人机携带高清摄像头，可以远程快速侦察现场情况，为快速制定救援方案提供依据；利用热成像传感器可以拍摄、跟踪、定位、搜寻被救者；利用抛投功能，可以远程快速携带运输关键物资设备。如图 9-11 所示。

图 9-11　无人机辅助救援

② 通过搭载辅助设备，可以为寒冷水域救援提供多方面的辅助功能，具备侦查、监控、拍摄、抛投、通信和遥控指挥的作用，提高救援的准确性。

③ 通过搭载喊话设备，可以通过无线空中喊话，直接指导被困人员采取自救措施，还可以维持现场秩序和引导清场工作。

④ 通过搭载照明设备，可以扩展夜间作业范围，以及满足不同任务与应用场景的水域救援照明需求。

⑤ 通过搭载抛投设备，可以远距离抛投救生衣、救生圈和防寒物资，为被困人员提供浮力工具和保暖设备，延长在寒冷水域等待救援的时间，防止体温下降过快，为救援人员到达争取救援时间。

⑥ 通过搭载牵引设备，可以牵引和抛投救生绳，便于岸上救援人员快速实施间接救援技术，达到快速救援的效果。

九、直升机救援

利用直升机实施救援。北方地区在冬季的封河期和春季的开河期都有可能发生凌汛。凌汛期间，水表有冰层，且破裂成块状，冰在流水的作用下向下游流动时，在水面形成大量的流动浮冰，浮冰对船只和堤坝的冲击作用相当大，此时从冰面和水面都无法进行救援，而利用直升机从高空实施救援行动是最好的办法，不但方便快捷，而且救人成功率高于其他救援方式与手段。如图 9-12 所示。

图 9-12 直升机救援

救援的方式、方法和手段还有很多，例如拉梯、登高云梯车、气垫船等，在此主要介绍一些常用的救援技术，其余救援技术有待于后续阐述和研究应用。如图 9-13 所示。

图 9-13　消防梯和气垫船救援

CHAPTER 10

第十章
潜水救援技术

第一节　潜水基础常识

一、学习潜水技术应具备的条件

潜水作业具有一定危险，但只要接受正规培训，严格遵守潜水作业规程，保证装备状态正常安全，确保自身的健康状态，整体风险完全可控。在正式学习潜水技术之前，必须具备一些必要条件。

① 潜水员年龄需满足年满 18 周岁，要保证身体健康、体力充沛。一些特殊潜水活动，例如救援或工业潜水，则需专业评估。

② 必须经医疗机构（二级乙等医院及以上级别医院）参照 GB 20827—2007《职业潜水员体格检查要求》的有关标准进行上岗前的职业潜水员体格检查。包括血常规、尿常规、心肺功能、骨骼功能、肝脏功能、加压和氧敏感测试等。

③ 体能条件。

A. 游泳技能测试。不限泳姿，6min 内完成 200m 距离游泳，中途不得停留，不触及池底。

B. 漂浮。身体静止漂浮 10min。

C. 踩水。直立踩水 5min，最后 30s 双手举起露出水面。

D. 负重游泳测试。携带 4kg 重物，游泳 50m。

E. 潜泳测试。调整好呼吸后完成 20m 潜泳测试。

④ 必须保证接受完整的训练，包括理论学习和考核以及全部技能训练。

二、潜水基础知识

① 压力。深度越大，压力越大，常见的压力单位是毫米汞柱（mmHg），我们常说的血压就是如此，水银血压计比较直观地体现了这个概念。

我们称在海平面上的气压为一个标准大气压，相当于对人体施加了 $14.7 lb/in^2$（1lb 约为 0.45kg，$1in^2$ 约为 $6.45cm^2$）的压力。深度每增加 10m，气压便会增加一个标准大气压。例如，海平面为 1 个标准大气压，10m 水深就是 1 个标准大气压加上 10m 深度的 1 个大气压，即为 2 个标准大气压。表 10-1 中列出了不同深度的压力状况。

表 10-1 水深与压力关系表

深度	压力 / (lb/in^2)	标准大气压	压力 /mmHg
海面	14.7	1	760
10m	29.4	2	1520
20m	44.1	3	2280
30m	58.8	4	3040
40m	73.5	5	3800
50m	88.2	6	4560
60m	102.9	7	5320

② 玻意耳定律。在定温定量的情况下，气体的体积与气体压强成反比。也就是说，在潜水员下潜时压力增大，但体内气体，比如肺部和耳朵内的气体体积会减小，反之，潜水员上升时，体内气体体积会变大。如图10-1 所示。

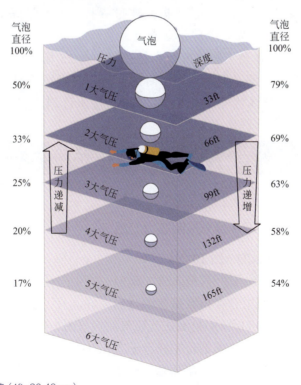

图 10-1 玻意耳定律（1ft=30.48cm）

③ 亨利定律。在等温等压的情况下，某种气体在溶液中的溶解度与该气体的平衡压力成正比。例如，潜水员下潜时氮气的平衡压增加会使氮气慢慢溶解到组织液中，当潜水员上升时，氮气会以冒泡的方式从组织液中析出。

玻意耳定律和亨利定律充分解释了减压病和气压伤形成的关键原因。因此控制下潜尤其是上升速度非常重要，并根据电脑表提示做好安全停留是避免潜水损伤的关键。

④ 声音。水中声音的传输速度约是在空气中的 5 倍，因此，当你想引起潜伴的注意时，有节奏的声音是很好的选择。

⑤ 视觉。眼睛的焦距调整是以空气中的光线为基准，在水中光线的折射会导致视线模糊。这就是必须佩戴面镜的原因，面镜和眼睛之间的空气可以解决这个问题。水下物体看起来会比较大，且距离比实际距离稍近。

⑥ 潜伴。永远不要单独下潜。你的潜伴必须是你能够信任的人，新手最好和有经验的潜水员一起行动。在水下随时注意位置，你的潜伴必须在你视线范围内。如果与潜伴失散，应在附近水域寻找，时间最好不要超过 3min，没有找到，缓慢上升或做安全停留后上升。

⑦ 温度。水中体温下降速度至少是空气中的 25 倍，呼吸气瓶中的气体同样可以带走热量。务必注意潜水时的保暖，要根据水温使用相应的潜水装备，并考虑自身身体状况、训练程度来决定潜水计划。

第二节　潜水基础技能

（一）气瓶与 BCD（浮力控制装置）组装

① 气阀口对准 BCD（图 10-2）。

② 提高 BCD 肩带，让气阀最顶端与 BCD 肩带中间最高点平行（图 10-3）。

③ 调节器与气瓶组合前检查密封圈是否完好，有无老化。DIN 口密封圈在调节器接口上，YOKE 口密封圈在气瓶气阀内（图 10-4）。

④ 检查二级减压器咬嘴是否完好、无老化（图 10-5）。

⑤ 调整调节器管线，二级减压器位于 BCD 穿着后右侧，BCD 充气管和气压表（干衣管）位于左侧（图 10-6）。

第十章 潜水救援技术

图 10-2

图 10-3

图 10-4

图 10-5

图 10-6

⑥ 用三根手指将调节器扭紧，固定在气瓶上，扭紧后回扭四分之一圈，切忌用力拧死（图 10-7）。

⑦ 将充气管顶端接口向下拉，与 BCD 充气阀连接（图 10-8）。

⑧ 将气压表表膜一面覆盖于 BCD 平整处，防止压力过大导致危险（图 10-9）。

图 10-7

⑨ 打开气瓶，确认安全，检查压力表剩余气压是否在正常范围内（150～200bar），低于 150bar 不可入水（图 10-10）。

第十章 潜水救援技术

图 10-8

图 10-9

图 10-10

⑩ 检查是否可以使用充气阀将 BCD 充满，充满后再检查排气是否正常（分别检查充气阀的排气按钮和 BCD 底部泄气阀），再检查口吹充气阀是否可为 BCD 充气（图 10-11）。

图 10-11

（二）装备拆卸

① 关闭气瓶（图 10-12）。
② 使用排气阀或二级减压器泄压（图 10-13）。
③ 观察气压表是否归零（图 10-14）。

图 10-12

图 10-13

图 10-14

④ 拆卸 BCD 充气管（图 10-15）。

图 10-15

⑤ 拆卸一级减压器，清理接头位置的积水，盖好防尘盖，盘圈整理放置在潜水器材筐内，避免直接放到地上，尤其是沙地（图10-16）。

图 10-16

⑥ 打开 BCD 气瓶紧固装置上的快卸扣，取出 BCD（图10-17）。

图 10-17

（三）下水前的安全检查（BWRAF）

① BCD 充排气是否正常。

② 重量。配重带是否系紧，单手是否可以打开，铅块分布位置是否合理，若不合理会影响平衡。

③ 快卸扣。所有的快卸扣包括气瓶上的是否扣好收紧。

④ 气体。气瓶是否打开，压力表、调节器出气是否正常，吸气时压力表指针是否会动。

⑤ 最终检查。检查面镜、呼吸管、脚蹼是否功能完好，检查潜水服拉链是否能拉紧密封（干衣），打出 OK 手势。

（四）入水

① 入水前 BCD 充气三分之一左右，咬好二级减压器咬嘴，左手掌根按住二级头，手指护住面镜，左臂将充气管、气压表护在胸前，右手掌护住后脑勺（图 10-18）。

图 10-18

② 跨步式入水。身体直立向水面大步跨出，入水后迅速调整姿势（图 10-19）。

图 10-19

③ 背滚式入水。翻滚前确认后方无人,入水后迅速调整姿势(图 10-20)。

图 10-20

④ 入水后迅速举高充气阀将 BCD 充满,建立水面正浮力(图 10-21)。

图 10-21

⑤ 游泳离开入水点，保持安全距离。
⑥ 确认装备及人员安全，对水面人员做 OK 手势（图 10-22）。

图 10-22

（五）水面浮力检查

① 保持身体直立，气瓶满气，深吸一口气，憋住，排空 BCD，身体下沉，水没到眼睛下方位置，证明配重合适。不下沉说明配重过轻，需要增加配重。如下沉快且深，迅速充满 BCD，建立正浮力，需减少配重（图 10-23）。

图 10-23

② 简易呼吸管与调节器的互换。

③ 为了减少气体消耗，可在水面上切换至简易呼吸管呼吸。

（六）下潜

① 用下潜及 OK 手势，确认潜伴已经准备好了（图 10-24）。

图 10-24

② 确认潜水及标志物（船、岛等）的方向，记录好方向刻度（图 10-25）。

图 10-25

③ 检查自己的及潜伴的潜水电脑表，确保其处于工作状态并记录下潜时间（图 10-26）。

④ 将简易呼吸管转换至二级减压器（图 10-27）。

⑤ 左手举高排气阀，对潜伴做下潜手势，排气下潜，右手捏住鼻子开始做耳压平衡（图 10-28）。

第十章 潜水救援技术

图 10-26

图 10-27

图 10-28

213

（七）上升

① 对潜伴做出上升手势，确认他已经准备好了（图 10-29）。

② 检查潜水电脑表，确认自己处于免减压极限范围内（图 10-30）。

图 10-29

图 10-30

③ 向上看，举起排气管，向上游动，适当给 BCD 充气，切记不可给 BCD 快速充气，如果上升过快要适当排气，因为上升时气体会膨胀，浮力会增加（图 10-31）。

④ 缓慢上升，保持最多 9m/min 的速度上升，时刻注意潜水电脑表，如果潜水电脑表报警，迅速通过排气等方式调整速度，切记！慢一点！再慢一点！根据潜水电脑表提示做好 5m 3min 安全停留（图 10-32）。

第十章 潜水救援技术

图 10-31

图 10-32

⑤ 保持与潜伴在一起，边上升边旋转，观察水面障碍物，接近水面时应举高一只手臂保护头部，完全出水后迅速充满 BCD 建立正浮力（图 10-33）。

图 10-33

（八）耳压平衡

鼓膜后面是中耳，也称之为鼓室，最里面是耳蜗，在中耳向咽喉延伸的有一条咽鼓管，它可以将中耳的分泌物排除，并维持中耳内压力。但对于潜水来说，它无法应对外界快速的压力变化，压力增加，会让耳朵剧痛，严重的可能造成鼓膜破裂，影响听力。因此，我们必须通过一些方法打开咽鼓管，将咽喉内高压空气送入中耳来平衡外部压力。如图 10-34 所示。

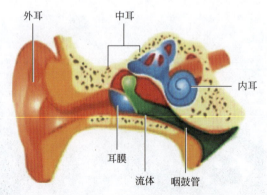

图 10-34 耳压平衡示意图

耳压平衡的方法有很多种，本章只介绍其中的两种。

1. 瓦尔萨尔瓦平衡

也称阀式或捏鼻吹气式。用手捏住鼻子，用一点力向鼻腔内呼气，会听到耳朵内有"噗嘶"的声音。这个技术练习起来比较容易，但缺点也很明显，它比较耗气，并且在超过 30m 的大深度时，肺部没有足够的气体支持这个动作。

2. 法兰佐式平衡

瓦尔萨尔瓦式在向鼻腔呼气时气道是完全打开的，用的是肺部的空气，而法兰佐式声带是紧绷的，就像举重发力时咽喉后部收紧的样子，然后捏住鼻子努力发出"K"或者"T"的声音，这时舌根上顶，相当于一个活塞，把咽喉内的空气顶入咽鼓管。此方法耗气量少，可应用的深度较大。但缺点是掌握起来较难，需要掌握正确的方法，并勤加练习。

耳压平衡是潜水中最重要的技术之一，它直接影响到潜水安全和潜水员的健康。在下潜时不要等到耳朵感到不适再做耳压平衡，一定要经常做。在下潜前就要尝试做通，下潜时如果发现耳压平衡难以做通，应维持深度不变，尝试做通，依然困难时应上升一点距离，再次尝试，直到做通为止。如果尝试失败，应立刻停止潜水，遵照潜水电脑表提示上升。

（九）调节器清除积水

二级减压器在水中意外掉落，会导致进水，吸气前务必清除里面的积水。方法一：咬住咬嘴，用力吹一口气即可。方法二：按一下二级减压器中间的排气按钮将水排出（图10-35）。

图 10-35

调节器寻回（两种方式：右手右边寻回和摸到气瓶阀寻回）：

1. 右手右边寻回

二级减压器意外掉落，严禁憋气，口中慢慢呼气吐出小的气泡，然后身体向右侧倾斜，右手伸直贴近右侧身体和气瓶向身后摆动，到达极限后向身体右外侧摆臂并同时向身前绕回,二级减压器一般会在肘弯处。左手找到二级减压器,咬好咬嘴,清除积水后正常呼吸(图10-36)。

图10-36

2. 摸到气瓶阀寻回

二级减压器意外掉落,严禁憋气,口中慢慢呼气吐出小的气泡,低头用右手去摸颈后的一级减压器,习惯上右侧上面的管线是主一级减压器,摸到管线后沿着管线找到二级减压器,然后咬好咬嘴,清除积水后正常呼吸(图10-37)。

图10-37

（十）面镜脱落戴回与面镜排水

1. 面镜脱落戴回

面镜意外脱落，如果无法摸到脱落面镜，马上取出备用面镜，一只手拿牢面镜，另一只手去摸鼻封的位置，确保面镜鼻子位置在下方，然后戴回面部（图 10-38）。

图 10-38

2. 面镜排水

确保正确戴好面镜后，微微仰头，用手压住面镜上沿，深吸气，用鼻子呼气，将水排出面镜，若一次未完全排出，可以继续尝试（图 10-39）。

图 10-39

（十一）空气用完使用备用气源并上升

① 气瓶内气体用尽，找到潜伴，做出气体用尽手势（图10-40）。

图 10-40

② 看到手势的供气者将备用二级减压器取出，用右手抓住管线，掌心向下，二级减压器在右手右侧，递给用气者（图10-41）。

图 10-41

③ 用气者在这个过程中不要憋气，保持呼气，拿到二级减压器，迅速切换，排水后正常呼吸（图10-42）。

④ 供气者用左手抓住用气者右臂（图10-43）。

⑤ 供气者用OK手势询问用气者呼吸是否畅通，若畅通用气者要回复

OK 手势（图 10-44）。

图 10-42

图 10-43

图 10-44

⑥ 供气者向用气者做出上升手势，用气者回复上升手势，确认上升（图 10-45）。

图 10-45

⑦ 双方保持手臂连接，根据潜水电脑表提示，一起缓慢上升（图 10-46）。

图 10-46

（十二）如何从不断漏气的二级减压器呼吸

当二级减压器出现故障，不断漏气，无法通过将咬嘴旋转向下的方法解除故障，又没有备用二级减压器或其他气源时，可以将咬嘴一侧的小角含在自己的同侧嘴角中，小口呼吸从二级减压器内溢出的空气，切记不可完全咬住咬嘴，只呼吸自己需要的气体，其他空气溢出即可，然后马上安全上升，不要停留在水下（图 10-47）。

图 10-47

（十三）蛙鞋（脚蹼）旋轴

此技巧是为了体验和建立中性浮力。先尽量将身体平趴于池底，然后给 BCD 逐步充气，感觉身体开始上浮，停止充气，此时脚蹼接触池底，而身体浮在水中。缓慢吐气，缓慢吸气，体验吸气上浮，呼气下沉。如果上浮幅度太大或下沉幅度太大，通过 BCD 充排气进行调整。做到可以控制上浮和下沉后，通过调整呼吸幅度，让自己的身体漂浮在水中不动，这就是中性浮力的基本应用方法（图 10-48）。

图 10-48

（十四）有控制地紧急游泳上升（CESA）

CESA 是一项紧急上升技能。其使用条件是，潜水员处于 10m 内的深度，潜伴不在附近，只身一人，气瓶内气体即将用尽。此时身体直立，左手握住充气阀，右臂伸直指向水面，咬住二级减压器不要松开，口中发出持续不断的"啊"的声音，向上游动，直至浮出水面。这一过程中，如果遇到某些情况导致停止上升，应马上恢复正常呼吸。浮出水面后，马上使用口吹方式，给 BCD 充气，建立正浮力，或丢弃配重（图 10-49）。

图 10-49

潜水手势见图 10-50、图 10-51。

图 10-50

图 10-51

第三节 潜水搜索技巧

水下搜索任务一般由一个成熟团队执行,其人员必须经过公共安全潜水的专业培训,并且潜水技术已经非常成熟。本章只对其中一些基本概念进行阐述。

一、队伍构成

指挥员——负责整体指挥调控;
主潜水员——主要搜索人员;
主信绳员——主潜水员的信绳员;
备用潜水员——在水面整装待命随时支援主潜水员;
备用信绳员——备用潜水员的信绳员;
场地安全员——负责场地内的安全;

瞭望安全员——负责水面安全；

装备管理员——装备管理及打捞证物的管理人员，可能需多人分工；

洗消员——对升水的潜水员及证物执行洗消流程；

岸上支援人员——岸上预备人员；

行动记录员——记录指挥员命令及行动细节。

二、绳语

1. 信绳员对潜水员

拉一下：OK。

拉两下：停止，调转方向。

拉三下：回到水面。

2. 潜水员对信绳员

拉一下：OK。

拉两下：需要更多绳索。

拉三下：发现目标。

拉四下：需要立即支援。

三、基本搜索方式

1. 扇形搜索法

在搜索目标离岸不远，且能确定大概地点的范围内，所使用的搜索法。适用于泥泞的海底、河川、湖泊等视线不良的场所。信绳员在岸边建立稳固的固定轴心锚点，潜水员手握搜索绳，以划半圆的方式潜入水中搜索。如图 10-52 所示。

2. 平行搜索法

潜水人员与信绳员平行运动，通过绳语放绳转向进行直线搜索，也可由多名潜水员排成一列进行搜索。只使用搜索绳，不需要架设导轨，因此能够迅速地展开搜索行动。信绳员必须注意配合潜水人员前进的速度。多人行动时尽可能将技术最好的潜水员安排在 1 号位，其应知道如何保持绳索收紧，并保持直角进行搜索。如图 10-53 所示。

3. 圆形搜索法

以信绳员或水中固定的坚固物体作为圆点，连接潜水员后，绕圆点进行圆形搜索，绕一圈后，放绳（一臂距离），继续做圆形搜索。如图 10-54 所示。

第十章 潜水救援技术

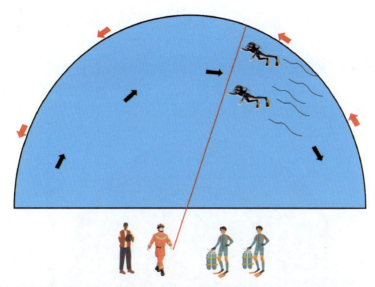

图 10-52 扇形搜索法示意图

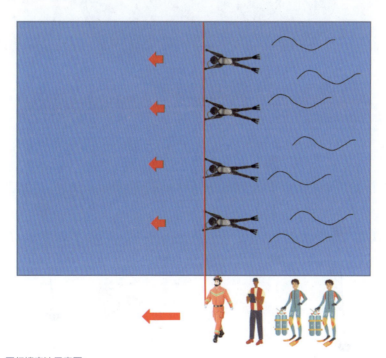

图 10-53 平行搜索法示意图

4. 导轨搜索法

划定搜索范围，设立两条平行导轨，两条导轨间设立一条可移动横向导轨,潜水员沿横向导轨排查平行导轨范围内区域,移动横向导轨一臂距离,继续排查。如图 10-55 所示。

5. Z 字形搜索法

适用于大概确认搜索目标位置的情况,信绳员慢慢延长搜索绳,潜水员以 Z 字形线路前进搜索。如图 10-56 所示。

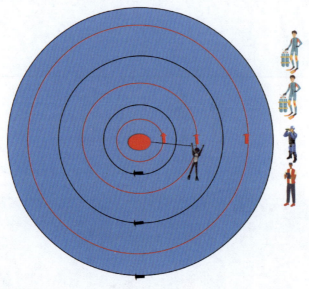

图 10-54 圆形搜索法示意图

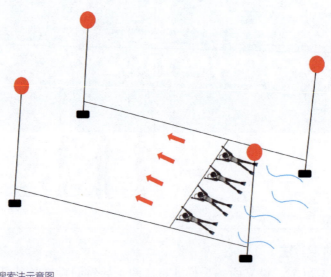

图 10-55 导轨搜索法示意图

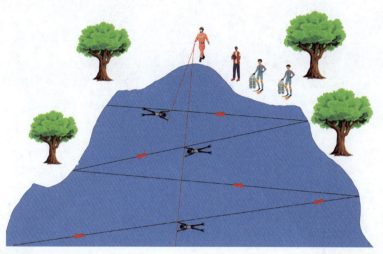

图 10-56　Z 字形搜索法示意图

CHAPTER 11

第十一章
水域救援现场
急救技术

水域救援涉及的急救工作属于院前急救范畴，承担急救岗位职能的救援人员通常要在药品不全、器材欠缺、环境险恶的情况下，实施急救和伤患处理，同时还要承担起救援人员自身的急救处置工作，保障救援人员身体和生命安全。因此，作为水域救援队的急救人员，必须具备良好体能素质和专业技术能力，在行动中除了携带水域救援所需的装备外，还要额外携带必要的医疗急救用品。

第一节　人员等级及能力要求

水域救援队伍必须编配具有急救技术资格的急救人员（急救员、急救师、急救官），其中一级救援队至少配备 1 名急救人员，二级救援队配备 2 名（含）以上急救人员，三级救援队必须配备 3 名（含）以上急救人员。

一、急救人员等级

急救人员分为急救员、急救师和急救官等三个级别，其中急救员为初级，应具备初级急救技术能力和资质；急救师为中级，应具备中级急救技术能力和资质；急救官为高级，应具备高级急救技术及指挥决策能力和资质。

二、资质与能力要求

（一）急救员（初级）

1. 资质要求

经过国家认证、国际认证、相关部门认可的急救培训机构、单位组织的初级培训并考核合格，持有国家、国际、相关部门颁发的初级急救证书，同时需经过 10h 以上急救实操、训练。

2. 能力要求

① 具备现场第一反应的急救能力，能对伤患者进行初步评估，识别明显致命因素。

② 具备对伤患者失温、过敏、叮咬、外伤等进行有效处置的能力。

③ 具备心肺复苏及使用 AED 机，以及实施一般性骨折、稳定性伤害和

单个肢体夹板固定、出血包扎等的处置能力。

④ 具备对伤患者体温过低、体温过高、溺水，以及基础伤口处理能力。

⑤ 具备对伤患者基础担架转运解救能力。

⑥ 具备处置初期卫生防疫传染疾病的能力。

（二）急救师（中级）

1. 资质要求

取得初级急救资质，经过国家认证、国际认证、相关部门认可的急救培训机构、单位组织的中级培训并考核合格，持有国家、国际、相关部门颁发的中级急救证书，同时需经过 30h 以上急救实操、训练。

2. 能力要求

① 具备远离城镇、条件恶劣、环境复杂（城市内涝、抗洪抢险、泥石流、山洪）情况下，连续 3 日以上开展急救工作能力。

② 具备可以执行和指导复杂急救处置的技能，比如使用特殊设备、骨折固定、脊柱保护、气胸处理、初级气道建立等能力。

③ 具备急救小组指挥能力，可以指导非专业人员协助施救，还应该具有为决策提供建议的能力。

④ 具备 CPR（成人、儿童、婴儿）心肺复苏及 AED 机使用等基本生命支持处置能力。

⑤ 具备对伤患者肌肉骨骼、血液循环系统、呼吸系统等程度较重的伤情进行处理的能力。

⑥ 具备使用多种类型担架稳固移动伤员的能力。

⑦ 具备肢体固定、紧急止血、大创面伤口快速处理等技术能力，并可以在无条件状况下自制器具搬运伤患者。

⑧ 具备卫生防疫传染疾病的有效处置能力。

（三）急救官（高级）

1. 资质要求

取得中级急救资质，经过国家认证、国际认证、相关部门认可的急救培训机构、单位组织的高级培训并考核合格，持有国家、国际、相关部门颁发的高级急救证书，同时需经过 50h 以上急救实操、训练。

2. 能力要求

① 具备现场指挥，应对大规模伤害事件，以及跨部门跨行业协调指挥能力，并且具备现场急救知识的教学指导能力。

② 具备对严重过敏及哮喘、癫痫的紧急处理能力。

③ 具备对体温变化、叮咬伤、雷击伤害、开放式骨折、裂伤、烧伤和水疱等的处置能力。

④ 具备对恶劣环境下脱臼、固定夹板、缠绷带和担架固定等的处置能力。

⑤ 具备卫生防疫传染疾病的综合处置能力。

第二节 急救处置程序

水域救援队急救人员在接触和处置伤患者时，必须具备相应资质和急救处置技术能力，必须严格按照急救处置流程和要求进行急救处置，最大程度保障伤患者生命安全。

一、现场急救操作流程

对伤患者进行救治时，需要穿戴个人防护装备，避免交叉感染。如医用手套、护目镜、口罩，实施人工呼吸时用呼吸膜或呼吸面罩等个人防护用品。对伤患者进行现场急救时，通常按照"DRABC"流程进行。

Danger——确保现场环境安全。这是一个重要步骤，每次提供急救都应这样做。提供急救的同时，继续评估现场，以发现任何可能发生的变化和使周围环境陷入危险的因素。任何急救措施的第一步是确保现场安全。在您环视四周时，问自己以下问题：是否存在可使你或伤病员置于危险境地的因素？周围是否有其他人可以帮忙？在事故现场，救护员要冷静地观察周围，判断环境是否存在危险，必要时采取安全保护措施或呼叫救援，只有在确保伤病员、救护员及现场其他人员安全的情况下才能进行救护。

Response——检查伤患者的反应。在意外伤害的事故现场，作为参与救护的人员不要被当时混乱的场面和危急的情况所干扰。应该沉着镇静地观察伤者的病情，拍打患者肩膀、并大声地呼唤伤患，在短时间内对患者的意识状态进行判断，患者对拍打和呼叫做出的任何回应均提示患者的呼吸心跳尚在。

Airway——检查伤患者气道是否畅通。遇到吐血或呕吐病人，先将脸侧向一方，以利呕吐物吐出，并防止呕吐物堵塞气道。若口腔内有异物，应先清除掉，再用干净手帕缠在手指上，伸进嘴内清除呕吐物。病人呼吸停止时必须正确开通气道。反之，送入的气不是到肺而是到胃里，会出现胃鼓起，并有打嗝样的声音。若空气囤积在胃部，回气时可能会带动胃中的食物一起返回出来，有堵塞呼吸道、造成窒息的危险。

Breathing——检查伤患者是否有呼吸。通常完整检查判断呼吸的方法被称为"一听二看三感觉"。"一听"指的是听呼吸音，让自己的耳朵凑近患者口鼻处听是否有呼吸的声音；"二看"指在听的同时头侧向患者胸壁方向眼看是否存在胸壁和腹部起伏，时间控制在 5～10s；"三感觉"即感觉是否有呼出气流冲击面部的感觉。这三步是可以同时进行判断的。

Circulation——检查伤患者脉搏和循环征象。通过甲床再充盈试验及桡动脉检查相结合的方式检查患者的循环状况。具体方式是压住患者食指指甲5s，然后放开，指甲由白转红时间超过 2s，或者桡动脉无法触及或非常微弱，则提示患者循环出现问题。

二、大型水域现场伤患者分检

现场分检，也叫检伤分类，是为了有效地对伤患者实施救治和后送转运，基于生理特征、明显的解剖损伤、致伤机制及伤员一般情况等，对伤患者伤情作出判断。

伤患者数量超过了救治能力或医疗资源时，救治前提是分检，明确现场救治和运送的先后顺序。

当接触到伤患者后，应立即检查伤患者的伤势，按照伤情轻重缓急进行等级划分（见表 11-1 所示）。

危重——红色（第一优先），有致命伤，需立即进行处理；

重伤——黄色（第二优先），伤情暂时不会危及生命，可以延迟治疗；

轻伤——绿色（第三优先），有轻伤和能够自行走动的伤患者；

死亡——黑色（第四优先），无自主呼吸，已死亡，稍后处理。

表 11-1　急救伤情评估表

患者姓名		特别情况		受伤部位		伤情类别	
性　别							
年　龄						危重 □	重伤 □
主要病因和伤情				请○出受伤的部位		轻伤 □	死亡 □
						请在相应的□打√	
生命体征	脉搏			呼吸			
	血压			意识			
采取急救处理措施							
急救处理单位							
急救人姓名和电话				急救处理日期和时间			

分流的工作通常由医护人员实施，在大规模灾害现场，可由救援人员实施，分检后要尽快将伤病员送到相应处理区域内。

检伤分类流程图，如图 11-1 所示。

三、药品和器械配置

为了方便携带药品器械，能够对被困人员进行快速救援，争取更多宝贵时间，应将药品清单按照个人急救清单和公共急救清单两大类型分开单独准备和携带。个人急救清单是针对被困人员所使用的药品和器具，公共急救清单是针对团队成员所使用的药品和器具。根据实际情况，在条件允许的情况下，还可增加配置 AED、BVM（球囊面罩）、呼吸器等器械。

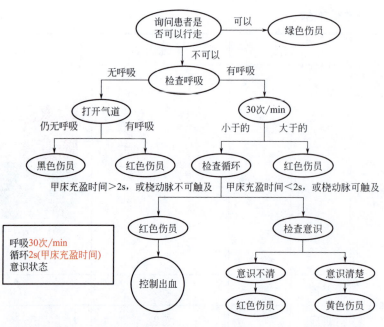

图 11-1 检伤分类流程图

如表 11-2 所示,此表仅供参考,不具有唯一性。

表 11-2 急救药品与器械配置参考表

药品名称	数量	用途	保质(使用)限期	备注
医用酒精	1瓶	消毒伤口		
新洁尔灭酊	1瓶	消毒伤口		
过氧化氢溶液	1瓶	清洗伤口		
0.9% 生理盐水	1瓶	清洗伤口		
解毒药品	按实际需要	职业中毒处置	有效期内	
脱脂棉花、棉签	2包、5包	清洗伤口		
中号胶带	2卷	粘贴绷带		
绷带	2卷	包扎伤口		
剪刀	1把	急救		

续表

药品名称	数量	用途	保质（使用）限期	备注
镊子	1个	急救		
医用手套、口罩	按实际需要	防止施救者被感染		
烫伤软膏	2支	消肿/烫伤		
保鲜纸	2包	包裹烧伤、烫伤部位		
创可贴	8盒	止血护创		
伤湿止痛膏	2盒	瘀伤、扭伤		
冰袋	1个	瘀伤、肌肉拉伤或关节扭伤		
止血带	2条	止血		
三角巾	2包	受伤的肢体，固定敷料或骨折处理等		
高分子急救夹板	1个	骨折处理		
眼药膏	2支	处理眼睛	有效期内	
洗眼液	2瓶	处理眼睛	有效期内	
防暑降温药品	5盒	夏季防暑降温	有效期内	
体温计	2支	测体温		
急救、呼吸气囊	1个	人工呼吸		
雾化吸入器	1个	应急处置		
急救毯	1张	急救		
手电筒	2个	急救		
急救使用说明	1份			

第三节　急救常用技术

水域救援急救人员除了应具备急救资质和能力外，还必须强化急救技术培训、训练，确保能够熟练掌握急救技术的操作步骤、方法和注意事项，提升综合急救处置能力水平。

一、急救常用技术

① 全面评估技术。包括评估方法、外伤处理、骨折稳固、急症处理，以及环境评估技术等。

② 徒手固定术。包含各种徒手固定术、固定术间互换、上颈圈、长背板技术。

③ 搬运法。包括器具搬运、徒手搬运、搬运固定技术。

④ 止血、包扎和固定。各种止血法、包扎技术、骨折固定技术（含开放性骨折止血）、伤口清洗及无菌技术。

⑤ 头部、胸部创伤处理。包括头、胸的各种创伤处理，以及胸部开放式伤口处理。

⑥ 呼吸道处理。包括抽吸及口咽呼吸道、鼻咽呼吸道使用等。

⑦ CPR 技术。包括海姆利希、CPR 操作技术。

⑧ 环境急症处理。环境冷、热等各种急症处置。

⑨ 呼吸急症处理。包括保证呼吸道通畅、给氧技术、抽吸技术、呼吸急症处理。

⑩ 卫生防疫事件处理。包括洪水或水域中的垃圾、细菌、病毒等引起的中毒、感染和传染等消杀、处理等。

二、外伤（创伤）处理

创伤是指各种物理、化学和生物等外力破坏身体组织，造成组织结构完整性的破坏或功能障碍。创伤急救时应先对伤者进行初级创伤生命支持，防止休克，对伤口止血、包扎，伤肢固定，将伤者安全转送到医院。

创伤是水域救援中常见的伤害，通常会伴随着骨折与出血，创伤患者基本上都会有骨骼肌肉方面的损伤（85%的创伤会有骨骼肌肉方面的损伤），患者的外伤病情可能是轻微的挫伤，严重的也可能导致休克死亡。水域救援队的急救人员必须要具备能维持伤病员生命征象稳定的能力，熟练掌握止血、包扎、固定等基本急救技术。非担负急救职能的其他救援人员也应掌握心肺复苏、止血固定和包扎等简单的基础急救技术。

（一）创伤的类型

1. 开放性创伤

皮肤有伤口及出血现象，有细菌感染的危险。具体类型见表 11-3、表 11-4 所示。

表 11-3　开放性创伤类型表

类型	特征
擦伤	皮肤受摩擦，浅表损伤，表面有出血点和渗血。伤口如有污泥、沙石等，感染细菌的概率较高
割伤	锋利的物品，如刀、玻璃片等造成的伤口，通常边缘比较整齐，可伤及皮下组织、血管、肌腱、神经。若伤及血管，有可能会导致大出血
刺伤	由尖锐物，如针、钉子等刺入，伤口表面虽小，但伤口可能很深，会引起细菌感染。若刺伤腹部或胸部，可能伤及内脏
裂伤	硬物挤压或动物撕抓，造成皮肤及皮下组织撕开、断裂，伤口多为不规则的形状。皮肤组织受损程度较大，伤口容易感染

表 11-4　外出血类型表

类型	特征
动脉出血	动脉血管损伤，血液从伤口处喷出，血液呈鲜红色
静脉出血	静脉血管损伤，血液从伤口缓缓流出，血液呈暗红色
毛细血管出血	血液缓慢渗出，血液呈鲜红色

2. 闭合性创伤

皮肤没有伤口及出血现象，受细菌感染的概率不大。但内脏受损及内出血的程度难以评估，有可能大量血液流入腹腔、胸腔或皮下及肌肉组织中。具体类型见表 11-5。

表 11-5　闭合性创伤类型表

类型	特征
挫伤	由钝物打击造成，表面肿胀、压痛，受伤范围与外在表现不一致
扭伤	关节周围组织受到过大牵张力而造成的损伤，表现为局部肿胀、疼痛和活动障碍
闭合性骨折	直接或间接的暴力作用于骨组织，造成骨骼断裂，断骨的尖端能伤害周围组织、血管、神经、内脏，引起严重出血，甚至危及生命
闭合性内脏损伤	体表损伤轻微，但结合受伤实际和表现，应考虑到内脏损伤的可能性。如胸腹部被撞击，会引起脾、肝等内脏损伤

3. 内出血

身体受伤，如骨折或受钝物打击，会导致内出血，也可能是由自身原因引起，如胃溃疡出血等。内出血通常不易被发现，大量内出血会引致休克，危及生命。由于现场无有效止血措施，所以早期发现后，要及时送医院诊治。

（二）创伤的处理形式

主要包括以下几种：
① 头颈部创伤处理；
② 胸部创伤处理；
③ 腹部创伤处理；
④ 四肢软组织创伤处理；
⑤ 一般伤口处理。

三、骨折固定

严重的创伤有可能会伴随骨折的状况，不管是封闭式骨折，还是开放式骨折，在搬运移动伤患者时，锋利碎骨边缘都有可能对其周边的血管及软组织造成二次伤害，而骨折固定就是避免对伤患者造成二次伤害最重要的处置措施。具体处置程序如下：
① 评估患肢的知觉、活动及末梢循环；
② 正确选择适当的固定器材；
③ 将患肢固定于原来的姿势；

④ 必要时要考虑在骨突处加护垫；
⑤ 固定范围须超过骨折上下相邻的两个关节；
⑥ 再度评估患肢的知觉、末梢循环。

四、止血技术

止血与包扎技术是水域救援中经常遇到的基础急救处置技术，也是水域救援急救人员和其他队员均要掌握的基础性处置技术，对于第一时间稳定伤患者的生命体征，确保其生命安全和延续有着十分重要的作用。

（一）出血种类及判断

伤口大量出血若不及时止血，可危及伤患者生命。止血法是一项重要措施，急救员和救援人员必须熟练掌握，以便在遇到出血伤患者时能及时而准确地进行自救和互救。

出血因受伤部位和损伤的血管不同，可分为动脉出血、静脉出血和毛细血管出血。准确判断出血种类是进行有效止血的第一步，其判断方法为：

① 动脉出血：颜色鲜红，呈喷射状，有搏动，出血速度快，量多。
② 静脉出血：颜色暗红，呈涌出状或徐徐外流，出血也多，速度不及动脉快。
③ 毛细血管出血：颜色鲜红，从伤口向外渗出，出血点不易判明。

判断伤患者出血种类和出血多少，在白天和可视条件好时比较容易，在夜间或视度不良的情况下就比较困难。因此，还必须掌握在视度不良的情况下判断伤员出血的方法。凡脉搏快而弱，呼吸浅促，意识不清，皮肤凉湿，衣服浸湿范围大，表示伤患者伤势严重或有较大出血。

（二）止血方法

① 压迫止血法。对伤口直接压迫，无论用干净纱布还是其他布类物品直接按在出血区，都能有效止血。一般应对小面积出血，取一块干净的纱布作为敷料，将敷料放至受伤部位上，用手指或手掌在伤口上方施加压力直至停止流血。

② 如出血量巨大，或第一种方法很难止血时，需要使用止血带加压止血。如周围没有止血带，可使用一条长度1m以上、宽度2.5cm以上的无弹性布料制作临时止血带进行捆绑止血。

③ 填塞止血。用于腋窝、肩、口鼻、宫腔或其他盲管伤和组织缺损处的填塞止血方法，是用棉织品将出血的空腔或组织缺损处紧紧填塞，直至确实止住出血。填实后，伤口外侧盖上敷料后再加压包扎，达到止血目的。此方法的危险在于用压力将棉织品填塞结实可能造成区域性组织损伤，同时又将外面的脏东西带入体内造成感染，尤其是厌氧菌感染常引发破伤风或气性坏疽。所以，除非必需，尽量不采用此法。

五、包扎技术

包扎伤口可以压迫止血，保护伤部，防止污染，固定敷料，有利于伤口尽早愈合。

六、骨折临时性固定技术

骨骼在人体中起着支撑与保护内脏器官的作用，骨骼周围伴随有血管、神经。骨折是一种常见的损伤，救援中对伤患者的骨折进行临时固定，可以防止骨折断端损伤血管、神经等，减轻伤员痛苦，更便于搬运伤患者。

（一）骨折的判断

骨折的典型症状是畸形、反常运动、骨擦音、骨擦感，以及明显的疼痛，运动功能丧失，红肿，等等，判断的简单方法是：

① 用手指轻轻按摸受伤部位时疼痛加剧，有时可以摸到骨折断端，搬运伤员时其疼痛更加剧烈。

② 受伤部位或伤肢变形。如伤肢比健肢短，明显弯曲，或手、脚转向异常方向。

③ 受伤部位明显肿胀，或伤肢不能活动。

④ 骨折断端有时可听到嘎吱嘎吱的骨摩擦声，但不能为了判断有没有骨折而做这种试验，如果不确定是不是骨折均可视为骨折，并处理。

（二）骨折固定的原则

在原位固定是最重要的原则，不要轻易对骨折部位进行复位等操作。

夹板长度必须超过上下关节，空隙和接触皮肤位置要填满，垫垫，以减少摩擦或者不固定而引起的二次伤害。

七、心肺复苏技术

呼吸、心跳突然停止是非常严重的情况，常在触电、溺水、中毒、窒息等情况下发生。当伤患者突然昏迷，瞳孔散大，颈动脉没有搏动，心前区听不见心音，即是心跳停止的表现。若能得到及时正确的胸外按压及人工呼吸等抢救，常可挽救伤患者的生命。

（一）实施前准备工作

① 环境评估。接触伤患者前，急救人员应当对事故现场环境是否安全进行评估。

② 意识判断。当确定现场环境安全后，拍打患者肩膀，且大声呼喊伤患者等，判断有无反应、意识等。

③ 实施求救。当发现伤患者无意识、无呼吸，或叹息样呼吸时，要进行大声呼救，并要求其他人员帮助拨打 120 急救电话，并置于免提模式。

④ 摆正体位。当伤患者无意识、无呼吸时，应将伤患者放置平卧位，平躺在坚实平面上，急救人员双膝跪地，位于伤患者一侧身旁并靠近胸部位置。

（二）心肺复苏方法

心肺复苏的方法如图 11-2 所示。

① 首先找到按压部位——胸骨下半部两乳头连线与胸骨中线交叉处。

② 一手掌根部放置在按压部位，另一手掌根部叠放其上，双手手指紧扣进行按压。

③ 身体向前倾，使肩、肘、腕于同一轴线上，使按压方向与按压部位垂直。

④ 对成人伤患者进行按压时，频率应为 100～120 次/min，按压深度应不少于 5cm，但禁止超过 6cm。

⑤ 对伤患者进行按压时，应使胸部充分回弹至按压前位置，同时双手禁止离开按压部位，并按压 30 次。

⑥ 按压完成后，利用仰头抬颏法将伤患者气道打开，急救人员将手捏住患者鼻孔进行口对口吹气，吹气时应将患者嘴巴全部罩住，且缓慢进行吹气，过程中应观察患者胸部是否有起伏，禁止过快或持续吹气。吹气两次，每次吹气时间持续 1s。

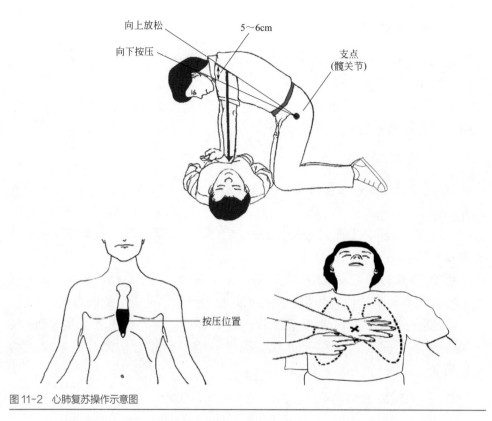

图 11-2 心肺复苏操作示意图

⑦ 按照 30∶2 的按压与人工呼吸比例进行 5 组心肺复苏。

⑧ 当患者恢复呼吸、心搏时，应将患者恢复成侧卧位，并时刻观察患者情况。

（三）溺水者的心肺复苏流程

① 评估溺水者的意识、呼吸和脉搏等生命体征，若无呼吸、无心搏，立即进行 CPR。

② 畅通呼吸道，立即清除溺水者口、鼻中的污泥、杂草，保持呼吸道通畅。

③ 对心搏停止者，立即进行心肺复苏。进行 5 次人工呼吸后，进行胸外按压 30 次，再给予 2 次人工呼吸，之后按 30∶2 的比例持续进行心肺复苏，尽快使用 AED。

④ 有自主呼吸，检查口腔，有异物先清理，将患者置于复原卧位（侧卧），除去湿衣物，给予保暖。

溺水者的心肺复苏基本要求见表 11-6。

表 11-6 溺水心肺复苏操作基本要求

项目	成年人	儿童	婴儿
伤患者年龄区分	伤患者＞8岁	伤患者1～8岁	伤患者＜1岁
溺水心肺复苏流程	畅通气道，先人工呼吸5次，然后胸外按压30次，2次人工呼吸，循环进行心肺复苏		
胸廓回弹	保证每次按压后胸廓充分回弹		
按压中断	胸部按压中断时间控制在10s内		
检查呼吸与脉搏	5～10s观察胸部是否隆起及触摸颈动脉		5～10s观察胸部是否隆起及触摸肱动脉
按压位置	胸骨下半部（两乳头连线中间）		
按压方法	双掌根	双掌根或单掌根	两个手指按压或环抱按压
按压深度	至少5cm	儿童约5cm，婴儿约4cm	
按压频率	100～120次/min		
按压与通气比值	30：2	单人30：2；双人15：2	
开放气道	仰头抬颏法，颈部创伤时用推颏法		
每次呼吸	2次有效通气，每次1s		

注意事项：不要对淹溺者先进行控水，以免延误心肺复苏的最佳时间。

（四）自动体外除颤器（AED）

AED全称是Automated External Defibrillator，中文名为自动体外除颤器，是一种便携式、易于操作，稍加培训即能熟练使用，专为现场急救设计的急救设备。从某种意义上讲，AED不仅是一种急救设备，更是一种急救新理念，一种由现场目击者最早进行有效急救的观念。AED及其使用方法见图11-3～图11-5。

AED使用注意事项：

① 在贴放电极片前，应先清除患者过多的胸毛，确保电极片与皮肤贴合紧密。

② 要迅速擦干患者胸部过多的水分或汗液，然后再贴放电极片。

③ 不能在水中或金属等导电物体表面使用AED。如果患者躺在水中，要先将患者抬出，并擦干胸部再使用AED。

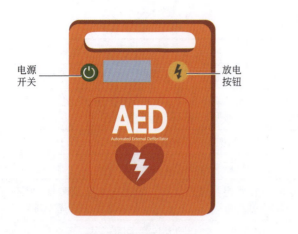
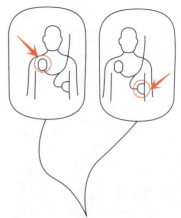

图 11-3　AED 操作面板及除颤电极片

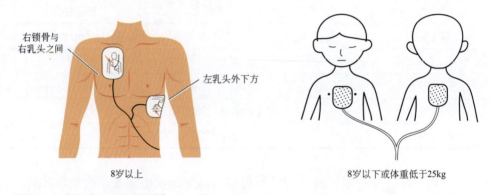

图 11-4　电极片粘贴位置

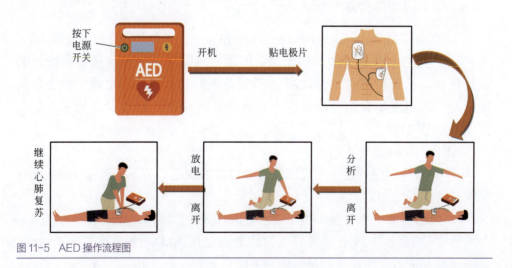

图 11-5　AED 操作流程图

④ 避免将电极片贴在患者植入式除颤器、起搏器和药物贴片上。

（五）注意事项

① 脑部缺氧超过 4min，脑细胞就不可逆转地发生缺血损害，尽早实施心肺复苏，可提高救活率。

② 确定患者已无呼吸、无心跳，且在现场环境安全情况下，方可进行心肺复苏。

③ 按压部位应正确，按压过程中禁止中断，应注意观察患者面部颜色是否有变化。

八、伤患者的搬运技术

1. 搬运基本要求

评估伤患者伤势、体重、运送的路程、救援人员自身体力，以及可能遇到的困难，并清除通道的障碍物；确保伤患者、救援人员和协助人员的安全；注意保持平衡，切忌操之过急；必须保持腰部挺直，使用大腿肌肉力量，避免弯腰；确保协助人员清楚搬运的步骤以及线路；在搬运时要注意固定好伤患者，防止翻落；上下楼梯时，尽可能使伤患者体位接近水平，伤患者的头部处于略高位。

2. 徒手搬运技术

徒手搬运适用于紧急抢救，或短距离运送，对脊椎受伤的伤者，不能使用。徒手搬运分为单人搬运和双人搬运两种形式，如表 11-7 所示。

表 11-7　搬运方式

伤者情况	单人搬运	双人搬运
清醒，能行走	站立扶行法	站立扶行法
清醒，不能行走	背负法或手抱法（适合中等体重的伤者）	双手座
	拖运法（适合手臂、头、颈部受伤者）	前后扶持搬运法（不适合肩、手臂、肋骨受伤者）
不清醒	手抱法（适合中等体重的伤者）	前后扶持搬运法（不适合肩、手臂、肋骨受伤者）
	拖运法（适合手臂、头、颈部受伤者）	

3. 单人搬运技术

① 扶行法。伤患者与救援人员高度不可相差太大。如伤患者上肢受伤，应站立于没有受伤一侧；如下肢受伤，则站于受伤的一侧。将伤患者手臂绕过救援人员双肩，救援人员一手握住伤患者搭在肩上的手或手腕。另一只手绕过伤患者腰部，抓紧伤患者裤腰带或者衣物。起步时，先移动内侧的脚，小步行走，与伤患者的步伐保持一致。

② 背负法。背对伤患者蹲下，让伤患者双臂环抱于救援人员胸前，同时紧握着自己的手腕。双手绕过伤患者的大腿，并抓紧自己的裤腰带，慢慢站起来，保持背部挺直。

③ 手抱法。蹲在伤患者身旁，用一只手臂从伤患者腋下绕过肩背，环抱腰部以上身体。另一只手臂抱紧伤患者大腿，然后抱起，切记保持背部挺直。

④ 拖运法。把伤患者双臂交叉放于胸前，然后蹲在伤患者背后。救援人员双手从其腋下穿过，抓着伤患者手腕及前臂，用力向后拖行。

4. 双人搬运技术

① 双人扶行法。两名救援人员站于伤者两旁，伤者手臂绕过两名救援人员的肩。技巧与单人扶行法相似。由其中一位救援人员负责指挥和发布指令。

② 前后扶持法。扶伤患者坐起，将其手臂交叉于胸前；救援人员在伤者身后蹲下，双手臂从伤患者腋下穿过，抓紧其手腕与前臂，让伤患者尽量紧靠救援人员身体；另一名救援人员蹲在伤者大腿旁，双臂穿过其两腿近脚踝位置，用力抓紧；两名救援人员背部挺直，由后方救援人员发指令，一同站起慢慢行走。

③ 双手座。在伤患者两侧面对面蹲下，各伸出一手在伤患者背后交叉，然后抓着伤患者腰带。另一只手伸到伤患者的膝关节下，抓紧另一人的手腕，把相互抓紧的手移至伤患者大腿。靠近伤患者，保持背部挺直，由其中一名救援人员发指令，慢慢站起，并一起移动。

④ 器材搬运。

A. 折叠担架和 U 形折叠担架：帆布担架为应用最广泛的担架，但脊柱损伤的伤患者不能使用。

B. 矫正担架：常用于搬运脊柱受损的伤患者，担架双侧均可打开，将伤患者铲入担架；把担架放在伤患者身旁，根据伤患者身高调整长度，使长度超过其高度；解开担架两边的挂钩，将担架两边轻轻塞进伤患者身下；先固定好头部一端挂钩，再让辅助人员在担架脚端固定担架，使其成为一条直线，连接好脚端挂钩。

C.脊柱固定板：轻巧方便，使用高强度中空塑料制成，可在水面漂浮，可以配合头部固定器、颈托等器材使用。

⑤ 无条件时可用座椅、门板、毛毯、衣物以及竹竿等制作临时担架。

A．木板担架：在伤患者骨折的情况下使用，木板可用门板、柜门、桌面板等硬质平板代替。

B．毛毯担架：在伤患者无骨折的情况下使用，毛毯可用床单、被罩、衣服等代替。

C．绳索担架：将结实的绳索交叉缠绕在两个木棒之间，两端打结系牢。

D．衣服担架：将大衣袖翻向内成两管，用两根木棒插入其中，衣服整理平整。

CHAPTER 12

第十二章
水域救援现场
安全管理

水域救援现场安全管理是指通过建立完善规范的指挥、救援和保障体系架构，将救援队伍的人员按照责任和分工，有目的地进行科学筹划、组织、管理和控制，进而形成系统性、规范性的组织指挥、安全管理体系，统一指挥模式、规范作业程序、整合救援资源、确保救援安全，最大限度提升队伍参与灾害事故救援的效率。

第一节 风险评估与管理

一、风险评估和要求

1. 风险和隐患的定义

风险是指一切因隐患而造成的伤害的概率或可能性（如溺水、撞击）。隐患是指一切可能造成伤害的因素（如人的不安全行为，物的不安全状态）。

当人入水救援或潜水救援时，就会有撞击或遇险的风险存在。要降低风险，首先要做的是找出造成风险的根源所在，但在很多现实的情况中，隐患的根源不可能完全消除。因此，我们要接受隐患存在的现实因素，并且要采取相关的措施来降低意外发生的可能性。

2. 风险评估的定义

风险评估也可以称之为"作业安全分析"，是对作业场所和环境存在的可能对人员或财产造成损害的隐患进行仔细和系统化的检查。风险评估应当在作业开始，以及水域技术装备选取之前就实施完毕。

3. 风险评估内容

① 基本风险。属于主要风险，主要是指人员入水后的风险。

② 环境风险。属于客观风险，主要是指与所在环境有关的风险，如所在位置的地势环境、天气状况、水域环境等客观因素导致的风险，具体包括作业面周边的建（构）筑物结构是否稳定，是否存在强风激浪，是否存在坠落溺水，是否存在蚊虫叮咬等潜在风险，以及其他不可控因素。

③ 间接风险。这类风险相对较小，但是也有可能造成溺水、船艇翻覆危险。如水流速度过快、突然升温或降温、严重缺水脱水、太阳辐射灼伤、人员头晕目眩、丧失平衡等。

④ 次生风险。城市内涝后，人员长时间浸泡在水中，水中的细菌、杂物

4. 风险评估要求

① 在实施风险评估时，要确认重大隐患、评估相关风险级别，同时指出当前和计划好的预防措施是否适合消除风险，并可以将其降至最低。

② 对任何风险的判断都要考虑到可能受到伤害的人员总数，以及伤害的严重程度。

二、水域救援风险辨识与评估重点方面

① 从类型、形态、流速、水温四个方面对水域危险情况进行识别评估。

② 观察现场天气，判断是否存在大风、雨雪、冰雹等不利于救援开展的情况。

③ 识别现场环境中潜在的危险，包括涵洞、水下暗流倒吸、触电、杂物缠绕、建筑坍塌、高空坠物、触礁等。

三、水域救援安全分区管控

水域救援现场根据所处的环境不同，安全风险的程度也不同，为了便于统一安全管理，按照分区管控的理念，设置现场管控区域，根据区域环境实施分区安全管控，主要分为作业区、管控区和警戒区等，其中作业区危险程度最高，进入作业的人员应精干，且仅限于救援人员。管控区危险程度次之，主要是辅助人员、指挥员等管理人员进入。警戒区为相对安全区，为政府协助部门人员进入。如图12-1所示。

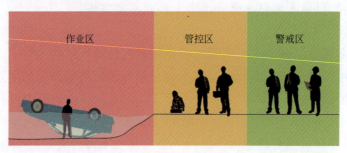

图12-1 分区管控要求

① 作业区。该区域仅救援人员和紧急救援小组才能进入，且必须经过水域救援专业培训，掌握水域救援专业技术，佩戴符合急流救援防护等级的全套个人防护装备。

② 管控区。该区域人员为现场指挥员、安全员、辅助人员等其他支持人员，需要掌握一定的水域救援技术，且要按照岗位分工穿戴相应的个人防护装备。

③ 警戒区。该区域内人员为公安、医护等其他联动单位人员，围观群众必须控制在警戒区之外，在不进入作业区和管控区的前提下，防护装备配备不做要求。

四、水域救援安全管控人员设置

水域救援现场安全管控通常情况下设置 1 名或多名安全官、安全员，也可分区多点设置安全管控人员，专职负责救援现场的管控工作，但在河流等救援环境中，除了设置安全管控人员外，还要设置上游观察员、下游拦截员和下游拦截措施（拦截网、船艇等），防止上游突发情况和营救失误后，下游紧急救助。如图 12-2 所示。

① 现场安全员。在救援现场设置安全员 1 人，负责协助指挥员做好现场危险评估、安全管控、安全提醒和紧急救援等工作。

② 上游观察员。在上游约 100m 处部署观察员 1 人，负责执行上游警戒观察任务、封锁河道，防止上游外来事物影响救援任务，发现危险后要第一时间吹响高音哨或者利用对讲机报告指挥员。

③ 下游拦截员。在下游约 30m 处设置岸上拦截员 2 人，能够在下游处迅速地以抛绳等方式开展救援。

④ 下游拦截艇。在下游约 50m 处设置紧急救助小组（拦截艇），1 艇 3 人，负责执行紧急救援任务，一旦在救援过程中出现意外情况，能第一时间响应、快速施救。

五、水域救援安全管控程序和紧急救援

（一）危险管控

设置上游观察员、现场安全员，识别危险，第一时间发出预警。

（二）区域管控

根据评估情况划分工作区域，落实警戒管控措施。

（三）方案检查

根据救援方案的难易程度和安全风险级别选择最优方案，并制定备用救援方案。

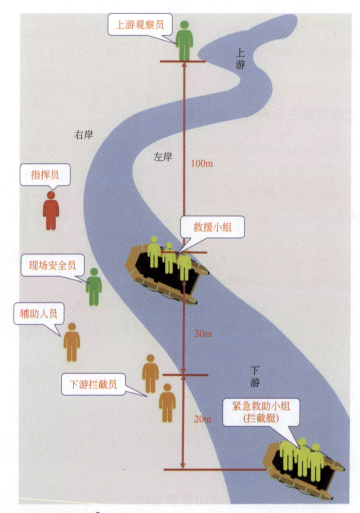

图 12-2　河流救援安全管控示意图❶

（四）作业前检查

按照"三查"要求，对现场救援装备依次开展个人自查、团队互查、下水作业前的安全员检查。

（五）过程管控

对环境危险动态监测，对救援环节进行动态评估，落实有针对性的管控

---

❶ 摘录自山西省消防救援总队《作战训练安全手册》。

措施。

（六）紧急避险与救援

① 发生紧急情况，救援人员应立即通过对讲机、高音哨、手语等方式发出危险信号，提醒救援人员撤离或者采取其他防御措施。

② 岸上拦截员迅速利用身上佩带的绳包进行抛绳施救。

③ 在下游拦截员救援失败的情况下，下游紧急救助小组（拦截艇）迅速利用舟艇实施快速营救。

（七）安全提示

① 根据现场情况选择合适的防护装备，急流救援环境下，救生衣浮力一般不低于150N。

② 根据水况和任务要求选择合适的舟艇，并匹配相应的船外机，在激流救援环境下，要严格执行"荷载减半"原则，即"救援人员+被救者≤舟艇最大荷载×50%"，避免出现"超载"现象。

六、水域救援风险评估的基本步骤

1. 风险和隐患识别

① 水域救援技术团队实施操作的区域应当仔细检查，应当确认任何可能对水域救援技术团队成员造成伤害的危险因素。

② 在作业期间采取的任何可能带来危险的措施，如果可能对他人造成伤害，则应当优先确定为可能导致较大伤害或影响多人的危险。

③ 对于不是水域救援技术团队的人员，但也是在水域救援技术作业范围内的人，也应当从水域救援技术团队成员安全角度来评估风险。

2. 确认可能受到伤害的人员以及伤害的方式

识别和查找到隐患和风险后，要及时确认处于每种危险之中的团队成员及任何其他人员所面临的危险情况和程度。

3. 评估风险并确定预防措施

评估每种危险所带来的风险级别有多种方法。常用方法是风险矩阵法，见表12-1、表12-2。这种方法是以数字的形式阐明发生事故的可能性，以及上述事故带来的潜在后果或严重程度。风险级别是发生事故的可能性乘以事故严重程度或后果的值。

风险矩阵采用简单公式来表示：风险 = 可能性 × 严重程度。

表 12-1　风险评估矩阵表

		严重程度				
		1	2	3	4	5
可能性	1	1 低	2 低	3 低	4 低	5 低
	2	2 低	4 低	6 低	8 中	10 中
	3	3 低	6 低	9 中	12 中	15 高
	4	4 低	8 中	12 中	16 高	20 高
	5	5 低	10 中	15 高	20 高	25 高

① 如表 12-1 所示，事故发生的可能性有以下 5 个数值等级：

1——极不可能发生；

2——可能性很小，但是曾经发生过；

3——发生频次很低；

4——偶尔发生；

5——经常定期发生。

② 如表 12-1 所示，事故后果的严重程度也有以下 5 个数值等级：

1——较小的伤害，无需加班完成工作；

2——导致人员受伤，需要治疗康复至少 3 天的伤害；

3——导致人员受伤，需要治疗康复 3 天以上的伤害；

4——重大伤残（例如肢体或眼睛伤残）；

5——恶性死亡事故。

③ 将相应的数字相乘（如可能性列表的数值 2 乘以严重程度列表的数值 4 等于 8）获得风险等级即风险值（见表 12-2），最终数值可分为如下类别：

高（致命风险）：15～25；

中（重大风险）：8～12；

低（较小风险）：1～6。

④ 根据所计算出来的不同风险值而采取不同的措施，表 12-2 给出了针对表 12-1 得出的风险值（高、中或低）建议采取措施的示例。虽然风险矩阵法很受欢迎，但是它得出的结果有很强的主观性，结果容易受人质疑。因此，如果要使用此种方法来完成令人满意的风险评估，则必须要以极其谨慎的态度来确定可能性与严重程度值。

表 12-2　根据表 12-1 结果需采取的后续措施建议

表 12-1 风险值结果	建议措施
低（1～6）	或许可以接受；但还需要审核任务看风险能否进一步降低
中（8～12）	如有可能，应当重新制定任务，将所涉及的风险考虑进去，或者应当在任务开始之前，进一步降低风险。在与专业人士及评估团队磋商后，可能需要取得适当的管理层授权
高（15～25）	不可接受。任务必须重新制定，或者必须采取进一步控制措施来降低风险。在任务开始之前，应当再次评估控制措施，看是否妥善

⑤另一种评估风险的方法是不采用风险矩阵法，而是直接给出一系列问题，然后由风险评估者给出具体答案。这种方法受到权威机构与其他机构的青睐，因为它的主观性比风险矩阵法稍弱。

⑥发现隐患和风险后，要及时消除隐患和风险，无法彻底消除时，要果断采取从强到弱的优先等级预防措施，防止危险和事故发生，如以下优先等级措施中，1 为最有力措施，6 为最基础措施。

1——彻底解除危险；

2——尝试另一种危险性较小的方案；

3——防止进入该危险区域（行政手段）；

4——组织施工以降低遭遇该危险的可能性；

5——提高通知警告、培训与督导的级别；

6——使用个人防护装备。

4. 记录风险和隐患，并通报给团队成员与相关人员

①评估发现的风险和隐患，消除隐患所采取的措施，控制或降低风险至可接受水平等都要详细记录，并及时将风险评估的结果通报所有团队成员。

②团队成员应当了解风险评估的内容，并遵循降低风险级别所需采取的措施。

③水域救援技术作业现场内部或周围的所有人员也应当了解水域救援技术作业可能导致的风险，以及正在实施的预防措施。

5. 审核风险评估并对其进行修订（如有需要）

风险评估应当及时或定期进行审核，如果环境和情况发生变化还要进行修订和再次评估。

①相同环境下时间变长，危险也会发生变化。

② 新的装备、流程或材料可能会导致新的危险。

③ 作业环境的变化可能带来新的重大危险。这些危险应当从作业环境本身来考虑，并采取任何必要的措施来保持较低的风险等级。

④ 年轻或经验不足的人员加入团队可能需要采取额外的预防措施。

注意事项：表 12-1 和表 12-2 仅供参考。对于某些任务来说，可能需要不同的表格、表头与值，此表仅用于帮助读者理解某个机构组织所存在的某些隐患以及控制这些风险必须采取的措施步骤。本书中涉及的任何技术、方法、数据、措施都不具有唯一性，不可一成不变地照搬照用，必须要结合实际情况合理选择和灵活应用。

第二节　管理人员能力资质

水域救援技术救援管理体系分为指挥管理、救援行动和后勤保障三大部分。指挥管理主要针对队伍日常管理和救援组织指挥，包括指挥官、副指挥官、安全官、联络协调员和信息分析员等；救援行动包括评估研判、搜索营救、安全保障等；后勤保障包括宣传、医疗、物资管控和装备管理等单元。各模块、单元、小组之间协调运作，统一指挥模式及工作方式，以便于整合各种救灾资源，进行各项救援任务。

一、管理（指挥）体系

水域救援管理（指挥）体系分为指挥、救援、保障三大模块。指挥包含指挥官（队长）、副指挥官（副队长）、安全官、联络协调员、宣传人员等；救援包含计划指挥、信息分析、搜索、行动和安全管控；保障模块包括行动基地管理、医疗、生活保障、物资管控、通信支撑等。执行体系可视救援规模大小进行扩大或者缩小，见表 12-3。

表 12-3　水域救援管理体系层级

模块	功能组	备注
指挥模块	指挥官、副指挥官、安全官、指挥辅助、信息管理员、宣传管理员、联络协调员	队长、副队长、安全员、指挥助理、联络官、信息助理、宣传人员

续表

模块	功能组	备注
救援模块	信息分析单元、水面救援单元、水下救援单元、绳索救援单元、急流救援单元	水面救援人员、船艇驾驶员、潜水队员、辅助队员
保障模块	医疗单元、物资管控单元、生活保障单元、基地管理单元、通信支撑单元	医疗、通信、生活保障等后勤保障人员

二、管理（指挥）岗位资质

水域救援队的管理岗位人员应从事水域救援作业 5 年以上，且具备综合管理能力，事业心和责任感强。管理指挥包括指挥官、副指挥官、安全官、行动组长等 4 个类型指挥管理岗位。

1. **指挥官（队长）**

经过国家相关职能部门认证或水域救援技术行业部门认可的救援技术培训机构、单位组织的高级培训考核合格，并持有国家或部门颁发的高级水域救援、潜水、舟艇驾驶、绳索、急救等相关技术证照。取得 S5 等级岗位资质，同时具有至少累计 5000h 水域救援专业技术领域的工作经历。

2. **副指挥官（副队长）**

经过国家相关职能部门认证或水域救援技术行业部门认可的救援技术培训机构、单位组织的中级以上培训考核合格，并持有国家或部门颁发的中高级以上水域救援、潜水、舟艇驾驶、绳索、急救等相关技术证照。取得 S4 等级岗位资质，同时具有至少累计 3000h 水域救援专业技术领域的工作经历。

3. **安全官**

经过国家相关职能部门认证或水域救援技术行业部门认可的救援技术培训机构、单位组织的中级以上培训考核合格，并持有国家或部门颁发的中高级以上水域救援、潜水、舟艇驾驶、绳索、急救等相关技术证照。取得 S4 等级岗位资质，同时具有至少累计 2000h 水域救援专业技术领域的工作经历。

4. **行动组长**

经过国家相关职能部门认证或水域救援技术行业部门认可的救援技术培训机构、单位组织的中级以上培训考核合格，并持有国家或部门颁发的中级以上水域救援、潜水、舟艇驾驶、绳索、急救等相关技术证照。取得 S3 等级岗位资质，同时具有至少累计 1000h 水域救援专业技术领域的工作经历。

第三节 水域救援指挥和行动程序

一、水域救援行动程序

水域救援的行动程序是指在整个救援过程中，从准备开始任务到完成任务的完整行动流程，包含了准备、营救、撤离和总结四个阶段。按照各阶段进行流程化作业，进而形成标准的救援行动程序闭环，如图 12-3 所示。

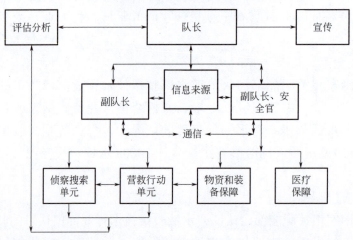

图 12-3 水域救援指挥管理流程图

二、指挥与行动流程表

见表 12-4。

表 12-4　指挥与行动流程表

任务	具体内容
第一阶段：准备阶段	
平时准备	挑选合格并能胜任救援任务的队员担任相应的岗位 参考建队标准以及救援需求配置相应的器材装备 开展相应的培训以及还原事故场景开展训练
出动准备	搜集掌握灾情相关信息 人员装备集结 动员及发布出动命令
行动准备	实时侦察和掌握现场信息和情况 预先整体评估研判现场灾情 制定整体救援规划和部署 明确任务和分工，落实具体行动 管控救援安全，落实安全保障
第二阶段：营救阶段	
侦察评估	到场后，对现场情况开展侦察，明确灾情 评估救援现场环境安全
制定方案	评估伤员情况，制定可行救援计划 论证救援方案可行性 上报指挥官，并经批准后进入下一个救援环节
任务分工	明确救援职责 部署救援任务
伤员处置	评估伤员伤情 稳定伤员情绪 开展紧急救助
营救人员	建立营救路线通道 明确安全要求 开展营救行动
第三阶段：撤离阶段	
现场移交	救援结束后，将现场移交当地有关部门 明确移交形式和内容
整理装备	收集整理救援装备器材 清点装备数量，整理上车 记录装备丢失及损坏情况

续表

任务	具体内容
清点人员	救援结束后，现场集合人员 检查人员数量和个人状态
第四阶段：总结阶段	
撰写总结	根据救援情况，撰写事故救援总结报告，形成经验
召开会议	召开救援总结会议，制定完善救援措施 部署下阶段技战术训练内容

第四节 水域救援现场安全管控

一、水域救援主要危险因素和表现形式

水域救援涉及危险因素包括人为因素、装备因素和环境因素等，环境因素包括礁岩、风力（浪）、潮汐、河床落差大、水温落差大、漩涡暗流多、河道易变、污泥沉陷、消波块等。

① 礁岩。在礁岩区搜救，再伴随着大浪，不仅水下潮涌难判，使得船艇有触礁破损、翻覆的可能性，不定时的水上浪花拍打也可能将人拍倒后带入水中。人员于礁岩区落水容易遭到撞击昏迷及各种外伤，其锐利尖角可能割伤皮肤造成大量失血，或遭岸边多变的地形、岩石、植物或杂物等勾缠住，增加救援危险，因此岸边救援或驾驶船艇都要特别留意。

② 风力（浪）。风速大小、风吹区域及风吹时间是造成海浪的三个要素，风力越强，所形成的海浪就越大。当海象差时，诸多的大浪会增大救灾人员执行船艇搜救及潜水搜救作业的难度及危险程度。

③ 潮汐。救灾人员应注意水流流速、流向，以及潮汐。如果下水后碰到退潮，会发现岸高变高而上不了岸。反过来说，如果涉水在浅滩区搜救，在不知不觉涨潮后，会造成水深而无法回岸上。

④ 河床落差大。往往看似平静之流水，底下却暗藏危机，且河床非规律地呈现平缓的落差，有部分水域常暗藏深沟，或落差甚大，高度可达3～4m，导致救灾人员来不及反应，河床的落差让水流的危险性更添许多变数。

⑤ 水温落差大。由于水流流速不一，暗流众多，故浅水层和深水层常容易出

现高低温差，不熟悉水域的救灾人员下水后，易造成脚底发生抽筋情况。

⑥漩涡暗流多。漩涡的形成，大都是因为水流的速度和方向突然发生变化。一般来说，水流维持着直线的流动，而河岸却强迫水流转弯，这时内侧的水流由于受到外侧的压力，一部分水流会回来填补脱水的地方，便形成了漩涡，这些窜流的水流易使人员翻转而陷入水中，失去方向感而慌张，增加撞击河岸的危险性，故河流转弯处、桥墩、大石旁常伴随着湍急的漩涡，救灾人员应尽量避免于此区域从事救援行动。

⑦河道易变。在台风、暴雨、雷阵雨等严苛条件下，如台风即将来袭时，其强风暴雨会造成溪流河道改道，救灾人员遇到河道的突然变化，常因反应不及而发生危险。

⑧污泥沉陷。风灾暴雨常常夹带大量泥沙、土石，河道旁多有污泥淤积情形，人员陷入后无着力点难以行动脱困，如救灾时遇到此种地形环境应避免选为下水点或架设固定点之场所。

⑨消波块。在海岸及人工消波块区搜救，再伴随着大浪，视线不明，会造成救援人员及搜救船艇割伤或撞伤，甚至人员跌落消波块而受伤受困，若卡于消波块夹缝中又适逢涨潮，极易发生意外。

二、水域救援安全基本守则（守则十四条）

① 个人防护装备必须穿戴整齐，不得穿着宽松或笨重的衣物入水救援。
② 使用正确的救援装备。
③ 携带适量的救援器材，尽量使用简单及有效的救援方法。
④ 入水救援是水域救援最后的手段和方法。
⑤ 尽可能不要把安全绳系捆在身上，如果必须系捆时，要确保救援人员遇到紧急情况时能在第一时间进行解脱。
⑥ 救援前，必须在上游设置观察员，下游要设置安全救助员。
⑦ 一般情况下应从河流上游开始展开搜索及救援工作，如需要也可以在河流两岸同时进行。
⑧ 依靠社会联动力量增援。
⑨ 要设置多重预备救援方案，并确保足够的增援力量。
⑩ 要保持舟艇的稳定性和平衡，以免翻覆。
⑪ 救援人员在涉水前进时，一定要使用木棒（棍）、竹竿或其他辅助物探路。

⑫ 救援人员不可背负重物下水，如背囊、担架等。

⑬ 水面主绳的架设应与水流方向呈 45°倾斜角度，禁止主绳和水流形成最直接的对抗。

⑭ 救援的优先等级，首先是救援人员的自身安全，然后是队友的安全，最后是被救者的安全。

三、水域救援行动基本要求

① 采用绳索系统救援时，固定点必须牢固，安全绳、安全钩等装备器材必须在额定荷载范围内使用。

② 在可能发生移位的孤岛上救助遇险人员时，救援人员和遇险人员禁止在绳索系统搭建的绳桥上横渡。

③ 舟艇救助落水人员时，舟艇应与落水人员保持适当距离，防止船桨、螺旋桨伤人。

④ 实施入水救援前，救援人员要做好身体活动准备，防止肌肉痉挛。

⑤ 实施入水救援时，应稳定落水人员的情绪，从侧后方接近落水人员，并采取合理救助方法。

⑥ 船舶和坠水交通工具泄漏、燃烧、爆炸事故应按照相应规程处置。

四、水域救援行动安全准则（安全九条）

① 绝对要穿着个人救生衣。很多水域救援现场的录像内容显示，有许多站在水边的救援人员不是没穿救生衣，就是穿着不合身的救生衣或者扣带没有拉紧固定，从而导致穿了救生衣却没有起到作用。当这些救援人员发生意外时，为避免救援人员发生伤亡事故，应配发专业救生衣，并规定救援人员必须按规定着装。

② 绝对要部署上游观察哨，最好是河流两岸都有。急流或山洪中，可能有漂流浮木、家具、汽车、大型土石等障碍物，或者可能是突如其来的大水，上游观察哨便可以通过哨音或对讲机等方式通知救援人员避开危险。

③ 救援的优先级，绝对是救援人员自身优先，第二是队友，最后是被救人员。救援任务最好的结果是救援人员与被救人员都能成功救援。我们时常听到某人溺水后某某人跳下水抢救，结果双双溺亡，这种悲剧不停在发生，以后也不会停止，如果自己没有能力救援的话，请勿下水救援。

④ 绝对要有备选方案。救援现场瞬息万变，我们无法保证某种救援方案能够绝对成功，所以最好是准备多重救援方式，就算前面九十九种方法都失

败了，只要第一百个方法能成功就是一次成功的救援。

⑤ 下游绝对要有多重保护方案。急流中的物体一定是由上游往下游移动，人当然也不例外，因此在救援失败时，救者和被困人员将往下游处移动，所以，最好在下游处做好多重保护方案，例如同时部署橡皮艇救援组、抛绳包救援组、拦截索救援组等，设置多重的保护人员，当第一次失败时，还有第二次、第三次，从而提高救援的成功率。

⑥ 救援要保持绝对的简单化。救援中最简单的救援方式，需要用到的人员、装备最少，花费的训练时间最短；而复杂的救援方式则需要更多的救援人员与装备，并且需要不断重复地训练才能使该项救援技术符合要求，因此造成一个误区——在大部分救援人员与指挥员印象中，复杂的救援方式记忆最深刻。当发生人员受困时，最先想到的救援方法往往都是复杂的而不是简单的，并不是说复杂的救援方法不好，而是复杂代表着会产生更多的问题，并且造成失败的可能性更大，因此救援要保持简单化，即根据训练及多方面经验，采用更低风险的救援方案。

⑦ 绝对要使用正确的救援装备。选择不正确的装备已经导致许多失败的案例了，从现实情况或法律层面来看，每一个救援队伍所选用的装备都是要让救援工作做得更好，即使那些装备是特制的或者只是随地取材制成的。

⑧ 若被水冲走或者游泳时，绝对不能让脚下沉。本原则有以下四种技巧必须在专业指导下才能操作：A. 进入或离开安全的缓流区；B. 操作救援器材时；C. 下水追逐受困落水者时；D. 急流中有障碍物时。这些技巧很容易伤到腿部，因此尝试操作时必须先经过训练。如果遇到人员陷于水中障碍物时，可以利用横在两岸的绳索先稳固被困人员，可以使用这根绳索将被困人员往上游处拉，从而让他离开受困点顺流脱困。世界上每年有近百人因为忘记这条法则而造成伤亡，主要原因为快速的水流与水底下的石块或其他障碍造成人员受伤；若被水冲走，则采取基本的急流漂游仰泳姿势，并且目光注视下游，此时膝盖微弯让脚后跟微低于臀部，如果看到障碍物可以用脚适时地顶开。本法则只有少数几个地方不适用，例如你处在安全区域：露出水面的大石块后方缓流区或水流缓慢的岸边。

⑨ 绝对不要指望被困人员会救自己。身处受困情境的被困人员与其他现场旁观者，大多会产生心理恐慌，可能会发愣发呆，或者动作缓慢且做一些无意义的动作，通过回看录像发现这种现象更加明显。所以在救援行动中，受过训练的专业救援人员必须依靠自己的技能与作战规程来完成任务，别指望被困人员或其他旁观人员能够按你的指示来完成动作。

第五节　各类表格管理

一、水域救援安全评估表

见表 12-5。

表 12-5　水域救援安全评估表

救援队名称				
救援场地名称和地理位置				
救援环境评估	天气状况		危化品泄漏	
	风速风向		水域深度	
	水流速度		水下情况	
	泥石流可能		污染物情况	
	上游情况		土质结构	
	地势情况		其他情况	
被困人员情况	被困人员数量			
	伤病情况			
	被困形式			
现场草图				
行动建议	人员装备配置			
	特别注意事项			
	其他			
时间			年　月　日　时　分	

二、水域救援被困人员搜索情况表

见表 12-6。

表 12-6　水域救援被困人员搜索情况表

救援队名称							
工作场地名称及位置							
开始时间			月	日	时	分	
结束时间			月	日	时	分	
搜索方法	人工	水域犬	仪器定位		综合		其他
被困人员数量							
搜索结果	被困者	总数量					
		位置	水面		水下		地面
		状态描述					
	遇难人员	数量					
	财/物	数量					
	其他						
标记	按照被困者标识标记		明显标志物				
行动建议	营救通道建议						
	人员/装备配置						
	特别注意事项						
	其他						
负责人：	填表人：				年 月 日 时 分		

三、水域救援营救情况表

见表 12-7。

表 12-7　水域救援营救情况表

救援队名称					
工作场地名称及位置					
开始时间	月　日　时　分		结束时间	月　日　时　分	
营救方案	人员结构				
	装备配置				
	营救方法				
	安全措施				
营救过程	方案确定	时　分		部署安全措施	时　分
	架设救援通道	时　分		通道架设完毕	时　分
	接触受困者	时　分		现场急救	时　分
	救出受困者	时　分		现场移交	时　分
行动小结					
负责人：				年　月　日　时　分	

四、水域救援环境安全评估表

见表 12-8。

表 12-8　水域救援环境安全评估表

场地编号			报告编号	
GPS 坐标				
天气条件	温度____ 风力____ 风向____ 雨雪____ 其他____			
漏电危险	□存在	□不存在	行动措施:	
明显的火灾隐患	□存在	□不存在	行动措施:	
恐怖事件等相关危险	□存在	□不存在	行动措施:	
高空坠物等危险	□存在	□不存在	行动措施:	
洪水危险	□存在	□不存在	行动措施:	
泥石流危险	□存在	□不存在	行动措施:	
台风危险	□存在	□不存在	行动措施:	
滑坡危险	□存在	□不存在	行动措施:	
水管破裂危险	□存在	□不存在	行动措施:	
其他				
评估人:		职务:		时间:

救援风险评估表见表 12-9。

表 12-9　救援风险评估表

类型	要素	内容
水文情况	类型	☐ 湖泊　　☐ 水库　　☐ 溪水　　☐ 江河 ☐ 山洪　　☐ 污染水域　　☐ 城市内涝
	形态	☐ 覆盖流　☐ 微笑流　☐ 皱眉流　☐ 翻滚流 ☐ V 流　　☐ 倒 V 流　☐ 漩涡流 ☐ 回流区　☐ 白色水域　☐ 沸腾线
	等级	【参考标准】 ☐ 一级：$v<5m/s$，情况简单，流量小且平稳。 ☐ 二级：$5m/s \leqslant v<10m/s$，情况稍复杂，有些小浪花，流量适中。 ☐ 三级：$10m/s \leqslant v<15m/s$，情况复杂，有多处碎浪，流量大且水中杂物多。 ☐ 四级：$15m/s \leqslant v<20m/s$，水域情况复杂，水情凶险，流量超大，且水质浑浊，含有大量泥沙杂物等。 ☐ 五级：$v \geqslant 20m/s$，水情无法控制，几乎没有东西可以一直浮在上面。
	水温	☐ 适宜　　☐ 较低　　☐ 寒冷　　☐ 冰水
天气因素	天气情况	☐ 台风　　☐ 雨雪　　☐ 冰冻　　☐ 冰雹 ☐ 雷电　　☐ 沙尘　　☐ 高温
	能见度	☐ 优　　☐ 良　　☐ 差
环境因素	潜在危险	☐ 涵洞　　　☐ 水下暗流倒吸　☐ 水域触电　　☐ 杂物缠绕 ☐ 触礁　　　☐ 水面漂浮物　　☐ 建筑坍塌　　☐ 高空坠物 ☐ 暗礁　　　☐ 有毒有害物质　☐ 挡土坝　　　☐ 淤泥 ☐ 滤网　　　☐ 水下建筑垃圾　☐ 水下危险生物攻击 ☐ 其他危险障碍物
被困人员幸存率		☐ 高幸存率　　☐ 边际幸存率　　☐ 零幸存率
救援风险		☐ 高风险（不可进入）　☐ 中风险（二次评估）　☐ 低风险（可进入）

五、水域救援行动安全评估表

见表 12-10。

表 12-10 水域救援行动安全评估表

类型	要素	评估内容			
舟艇倾覆风险	水流速度	激流□	缓流□	静水□	
	救援人员及器材	① 驾驶员是否为持证上岗专业人员 ② 舟艇有无损坏现象 ③ 油料是否充足 ④ 救生器材是否完整好用		是□ 是□ 是□ 是□	否□ 否□ 否□ 否□
	水位情况	① 上游是否有漂浮物 ② 下游水中是否有障碍物 ③ 下游是否有回流区 ④ 救援水域是否满足舟艇正常驾驶 ⑤ 救援水域下游是否平缓 ⑥ 下游有无堤坝		是□ 是□ 是□ 是□ 是□ 是□	否□ 否□ 否□ 否□ 否□ 否□
	翻舟风险评估	极高□	高□	中□	低□
救援人员落水风险	岸边干湿程度	干□	湿□		
	救援人员个人防护装备是否穿戴完整	是□	否□		
	是否救援水中被困人员	是□	否□		
	采用的救援方式是否入水	是□	否□		
	岸上救援人员是否有保护	① 牵引绳岸边支点保护 ② 救援人员之间的保护		是□ 是□	否□ 否□
	舟艇倾覆风险	大□	中□	小□	
	救援人员落水风险	极高□	高□	中□	低□
	失温的风险	是□	否□		
	中暑/脱水/低血糖的风险	是□	否□		
	通信方式	对讲机□	卫星电话□	哨子□	其他□
	救援人员的技术级别和经验	是否参加过专业救援培训并获得相应证书		是□	否□
	救援人员的身体状况	是否健康	是□		否□

续表

类型	要素	评估内容			
周边环境风险	触电危险	① 有裸露电线 ② 切断电源 ③ 避免触电安全距离_____米	是□ 是□		否□ 否□
	天气危险	① 是否伴随大风天气 ② 是否伴随连续强降雨 ③ 是否雷区 ④ 昼夜温差大	是□ 是□ 是□ 是□		否□ 否□ 否□ 否□
	中毒危险	现场存有危险化学品，是否发生泄漏或燃烧		是□	否□
	砸伤危害	存在物体坠落、倒塌的可能		是□	否□
	岸边危害	河道两边是否有突出尖锐物		是□	否□
	环境风险	极高□	高□	中□	低□
被困人员幸存率	① 存在被困人员 ② 被困人员幸存率	是□ 高□		否□ 中□	 低□
综合风险评估	极高□	高□		中□	低□

六、水域救援行动记录表

见表 12-11。

表 12-11　水域救援行动记录表

姓名	作业时间	结束时间	作业时身体状态	人员作业位置	工作任务 如：驾驶舟艇、侦查、搜救等	备注

七、水域救援队员专业训练档案

水域救援队员训练档案

姓名：_____

东莞市消防救援支队
二〇二二年一月

队员基本情况

基本情况	姓名		性别		籍贯		民族	
	文化程度		政治面貌		入队时间		出生年月	
	职务		星级		联系电话			
					身份证号			
	家庭住址							

个人简历	
健康情况	
个人愿景	

队员训练情况评定表

第一季度【　　年】							
训练态度				训练素养			
优	良	中	差	优	良	中	差
发挥作用				团结互助			
优	良	中	差	优	良	中	差
综合评定							
队员签名				队长签名			
第二季度【　　年】							
训练态度				训练素养			
优	良	中	差	优	良	中	差
发挥作用				团结互助			
优	良	中	差	优	良	中	差
综合评定							
队员签名				队长签名			
说明	①评定采用全体队员民主无记名评议方式进行，以单项打分和平均分计算，记录最后分数，对应等级，60分以下为差，60（含）~75分为中，76~89分为良，90分以上为优。②季度评定有两项为差的，综合评定为差；有三项为中的，综合评定为中。在全部至少为中的基础上，有两项良以上的，综合评定为良；在全部至少为良的基础上，有两项以上为优的，综合评定为优。③年度两次差的，评定为差；有三次中的，综合评定为中。在全部至少为中的基础上，有两次良以上的，综合评定为良；在全部至少为良的基础上，有两次以上为优的，综合评定为优。④年度综合评定为优的，实施专项奖励；评定为差的，必须退出安全单元队						

队员训练情况评定表

第三季度【　　年】									
训练态度					训练素养				
优	良	中		差	优	良	中		差
发挥作用					团结互助				
优	良	中		差	优	良	中		差
综合评定									
队员签名					队长签名				

第四季度【　　年】									
训练态度					训练素养				
优	良	中		差	优	良	中		差
发挥作用					团结互助				
优	良	中		差	优	良	中		差
综合评定									
队员签名					队长签名				

说明	①评定采用全体队员民主无记名评议方式进行，以单项打分和平均分计算，记录最后分数，对应等级，60分以下为差，60（含）~75分为中，76~89分为良，90分以上为优。②季度评定有两项为差的，综合评定为差；有三项为中的，综合评定为中。在全部至少为中的基础上，有两项良以上的，综合评定为良；在全部至少为良的基础上，有两项以上为优的，综合评定为优。③年度两次差的，评定为差；有三次中的，综合评定为中。在全部至少为中的基础上，有两次良以上的，综合评定为良；在全部至少为良的基础上，有两次以上为优的，综合评定为优。④年度综合评定为优的，实施专项奖励；评定为差的，必须退出安全单元队

队员参加专业培训记录

序号	内容	日期	地点	效果
1				
2				
3				
4				
5				
6				
7				
8				
9				
10				
11				
12				

队员参加重大灾害事故（演练）记录

序号	内容	日期	地点	备注
1				
2				
3				
4				
5				
6				
7				
8				
9				
10				
11				
12				

队员贡献和荣耀记录

序号	内容	日期	地点	奖励
1				
2				
3				
4				
5				
6				
7				
8				
9				
10				
11				
12				

队员训练时间登记表

序号	训练内容	日期	地点	时间	累计	记录人
1						
2						
3						
4						
5						
6						
7						
8						
9						
10						
11						
12						

八、水域救援安全管控装备参考标准

见表 12-12。

表 12-12 水域救援安全管控装备参考标准

序号	名称	数量
1	专用马甲（带标识）	1 件 / 人
2	专用背包（带标识）	1 个 / 人
3	防爆照明灯	1 个 / 人
4	警示闪烁灯	1 个 / 人
5	撤离气喇叭	1 个 / 人
6	安全口哨	1 个 / 人
7	计时器（秒表）	1 个 / 人
8	发令旗（红、绿色等）	1 个 / 人
9	测温仪	1 个 / 人
10	风速风向仪	1 个 / 人
11	单筒激光测距望远镜	1 个 / 人
12	指南针	1 个 / 人
13	安全员纸质记录本	1 个 / 人
14	激光笔	1 个 / 人
15	夜视仪	1 个 / 人
16	热成像仪	1 个 / 人
17	防爆对讲机	2 个 / 人
18	可燃气体探测仪	1 个 / 人（选配）
19	有毒气体探测仪	1 个 / 人（选配）
20	空呼压力监测系统	1 个 / 人（选配）

续表

序号	名称	数量
21	AI 智能头盔	1个/人（选配）
22	GPS/北斗定位仪	1个/人（选配）
23	扩音器	1个/人（选配）
说明	① 可结合实际，根据需要，增（选）配相关装备器材。 ② 表中装备可结合现有器材进行调整优化，但须满足安全员（官）工作需要。 ③ 可研发或配置便于携行出动的安全管控装备箱，能够在现场快速展开、操作应用，利于管控	

参考文献

[1] 李战凯. 绳索救援团队技术[M]. 北京：化学工业出版社，2022.
[2] 邵薇，徐志达. 水域救援技术[M]. 北京：中国水利水电出版社，2019.
[3] 赵泽明. 消防救助基础教程[M]. 北京：中国人民公安大学出版社，2003.
[4] 朱国营. 绳索救援技术[M]. 广州：广东教育出版社，2018.
[5] 山西省消防救援总队《作战训练安全手册》，2022.
[6] 香港拯溺总会《拯溺指引手册》.
[7]《中国红十字救援队水上救援培训教材》.
[8] 云南省消防救援总队昭通支队《急流水域救援教材》.
[9] REASON J. Human Error. Cambridge：Cambridge University Press，1990.